Gestion de mobilité entre réseaux hétérogènes

Imen Hedfi

Gestion de mobilité entre réseaux hétérogènes

Télécom Sud-Paris & Sup'Com

Éditions universitaires européennes

Mentions légales / Imprint (applicable pour l'Allemagne seulement / only for Germany)
Information bibliographique publiée par la Deutsche Nationalbibliothek: La Deutsche Nationalbibliothek inscrit cette publication à la Deutsche Nationalbibliografie; des données bibliographiques détaillées sont disponibles sur internet à l'adresse http://dnb.d-nb.de.
Toutes marques et noms de produits mentionnés dans ce livre demeurent sous la protection des marques, des marques déposées et des brevets, et sont des marques ou des marques déposées de leurs détenteurs respectifs. L'utilisation des marques, noms de produits, noms communs, noms commerciaux, descriptions de produits, etc, même sans qu'ils soient mentionnés de façon particulière dans ce livre ne signifie en aucune façon que ces noms peuvent être utilisés sans restriction à l'égard de la législation pour la protection des marques et des marques déposées et pourraient donc être utilisés par quiconque.

Photo de la couverture: www.ingimage.com

Editeur: Éditions universitaires européennes est une marque déposée de
Südwestdeutscher Verlag für Hochschulschriften GmbH & Co. KG
Heinrich-Böcking-Str. 6-8, 66121 Sarrebruck, Allemagne
Téléphone +49 681 37 20 271-1, Fax +49 681 37 20 271-0
Email: info@editions-ue.com

Produit en Allemagne:
Schaltungsdienst Lange o.H.G., Berlin
Books on Demand GmbH, Norderstedt
Reha GmbH, Saarbrücken
Amazon Distribution GmbH, Leipzig
ISBN: 978-3-8417-8397-4

Imprint (only for USA, GB)
Bibliographic information published by the Deutsche Nationalbibliothek: The Deutsche Nationalbibliothek lists this publication in the Deutsche Nationalbibliografie; detailed bibliographic data are available in the Internet at http://dnb.d-nb.de.
Any brand names and product names mentioned in this book are subject to trademark, brand or patent protection and are trademarks or registered trademarks of their respective holders. The use of brand names, product names, common names, trade names, product descriptions etc. even without a particular marking in this works is in no way to be construed to mean that such names may be regarded as unrestricted in respect of trademark and brand protection legislation and could thus be used by anyone.

Cover image: www.ingimage.com

Publisher: Éditions universitaires européennes is an imprint of the publishing house
Südwestdeutscher Verlag für Hochschulschriften GmbH & Co. KG
Heinrich-Böcking-Str. 6-8, 66121 Saarbrücken, Germany
Phone +49 681 3720-310, Fax +49 681 3720-3109
Email: info@editions-ue.com

Printed in the U.S.A.
Printed in the U.K. by (see last page)
ISBN: 978-3-8417-8397-4

Résumé

Nous nous intéressons dans ce projet à la résolution de problèmes de la continuité de service sans couture en assurant une QoS de bout en bout. Dans un premier temps, nous recensons les besoins de l'utilisateur des services SEAMLESS. A partir de cette vision, nous commençons par préciser le contexte de nos travaux. Les verrous à lever sont donc les différentes mobilités qui impactent la continuité de service. Nous avons aussi mis l'accent sur l'utilisation du concept de contexte pour permettre cette continuité. Nos contributions sont au nombre de deux et portent sur des solutions d'ordre analytique et fonctionnel.

Basée sur les concepts et résultats de notre groupe de la recherche, notre première contribution a été la simulation des scénarios de mobilité en incluant le protocole et le mécanisme appropriés.

Fondé sur l'analyse des mobilités, nous avons proposés une architecture qui permet de gérer le contexte relatif aux technologies d'accès radio. La plateforme proposée permet de modéliser les informations de contexte suivant une ontologie. Cette ontologie vise à exploiter le contexte afin de garantir une autogestion pour une continuité de service intégrée et sans couture.

Mots clés : Mobilité sans couture, réseaux hétérogènes, multi-homing, protocole de mobilité, gestion de contexte, ontologie.

Avant propos

Ce travail a été réalisé en partie dans le laboratoire RS2M de Télécoms-Sud-Paris dans le cadre du projet SEAMLESS (**SE**amless and **A**daptive Services over **M**ultip**L**e Acc**E**s**S** Network**S**). Il s'agit d'un projet français entre les sociétés suivantes : NEOTILUS, CEA (qui remplace MOTOROLLA), RATP et TELECOM-SUD-PARIS. Le principal objectif de ce projet est de maintenir la session de communication d'un utilisateur quand il change la technologie d'accès auquel il est attaché. Cette mobilité transparente doit être maintenue sans interruption en faveur des applications exigeantes en terme de qualité de service (ex : vidéo conférence).

Ce projet aborde aussi les défis d'accès multiples. Ces défis sont dus à l'hétérogénéité des réseaux d'accès sans fils, des mécanismes de sécurité, des plateformes de contexte, ainsi que les architectures de services. SEAMLESS est considéré comme étant un projet de recherche industrielle. Dans ce projet, nous nous sommes basés sur des cas d'utilisation pragmatiques et réalistes. Raison pour laquelle, nous avons opté pour des scénarios étudiant le service vidéoconférence entre les abonnés du service SEAMLESS.

Plusieurs thématiques ont été abordées dans le cadre de ce projet, i.e. :

> ➢ Les concepts d'adaptation et de reconfiguration de service,
> ➢ La définition des architectures pour la découverte et description de service,
> ➢ La mobilité «seamless»
> ➢ Et la continuité de services grâce à l'utilisation de plusieurs interfaces.

Table de matières

Table de figures

Liste des abréviations

3GPP : 3rd Generation Partnership Project

AAA : Authorization, Authentication and Accounting

BU : Binding Update

CBR : Constant Bit Rate

CoT : Care-of Test

CoTI : Care-of Test Init

DAR : dynamic address reconfiguration

DHCP : Dynamic Host Configuration Protocol

HIP : Host Identity Protocol

HoT : Home Test

HoTI : Home Test Init

IEEE : Institute of Electrical and Electronics Engineers

IETF : Internet Engineering Task Force

IMS : IP Multimedia Subsystem

IP : Internet Protocol

MAC : Medium Access Control

MIES : Media Independent Event Service

MICS : Media Independent Command Service

MIIS : Media Independent Information Service

MIH : Media Independent Handover

MIHF : Media Independent Handover Function

MIP : Mobile Internet protocol

MIPv6 : Mobile IP version 6

ND : Node Discovery

NIST : National Institute of Standards and Technology

OO : Orienté-Objet

OSI : Open Systems Interconnection

OWL : Ontology Web Language

QoS : Quality of Service

RDF : Resource Description Framework

RTT : Round Trip Time

SAP : Service Access Point

SCTP : Stream Control Transmission Protocol

SIP : Session Initiation Protocol

SPICE : Service Platform for Innovative Communication Environment

UDP : User Datagram Protocol

UML : Unified Modeling Language

UMTS : Universal Mobile Telecommunications System

URI : Uniform Resource Identifiers

VoIP : Voice over IP

Wi-Fi : Wireless Fidelity

WLAN : Wireless Local Area Network

WMAN : Wireless Metropolitan Area Network

WWAN : Wireless Wide Area Network

Chapitre 1 : Introduction Générale

1.1 Introduction

Depuis quelques années, l'évolution des réseaux cellulaires ne cesse de prouver le succès et le progrès qu'internet a réalisé. Cette évolution a favorisé l'utilisation des réseaux garantissant une connectivité IP pour les nœuds mobiles. Il en résulte l'apparition des réseaux de troisième génération (3G) qui offrent aux mobiles des services IP intéressants (comme le VoIP (Voix sur IP) et la messagerie instantanée (IM)) et des plateformes très développées (comme l'IMS (IP Multimedia Subsystem)) [1].

Cette hétérogénéité de services permet de satisfaire la majorité des besoins des utilisateurs. Cependant, elle rend complexe l'architecture des réseaux. Pour faire face à ces contraintes, il faut gérer la diversité des services et leurs adaptations aux environnements de l'exécution ainsi que l'interopérabilité des plateformes utilisées et la mobilité entre les différentes technologies d'accès existantes. Dans ce travail, nous nous intéressons essentiellement à deux aspects : adaptation de service et mobilité.

Par ailleurs, dans un cadre de réseaux mobiles, la mobilité peut se manifester suivant plusieurs dimensions. En effet, une entité mobile (i.e. : un terminal physique, une application, une session…) peut se déplacer entre deux réseaux d'une même technologie (cas du handover horizontal) ou entre différentes technologies d'accès (cas du handover vertical). La mobilité peut aussi faire référence au changement d'espace d'adressage, au changement de fournisseurs d'accès et même au basculement de sessions entre différents terminaux d'un même utilisateur (cas des réseaux nichés).

Dans la conception des réseaux mobiles émergents qui sont à la fois multi-domaines et multi-technologies, les besoins d'exécuter des handovers peuvent être basés sur différents critères ou politiques, par exemple la réduction du coût, l'optimisation des ressources réseaux, les contraintes liées à certains services, etc. Par conséquent, le handover devient un problème potentiellement critique et plus compliqué s'il n'est pas géré d'une manière optimisée. Plus de détails concernant les fonctions de gestion de mobilité sont fournis dans le deuxième chapitre [3].

Néanmoins, ces fonctionnalités ne sont pas suffisantes pour faire face aux exigences de la communication radio mobile. Pour cela nous nous intéressons aussi dans ce rapport à l'étude de la notion de contexte. Nous considérons le contexte comme étant les données qui décrivent les composants et les changements se produisant dans l'environnement. Cet environnement inclut principalement le réseau de communication, les équipements utilisés, l'entourage physique et le profil utilisateur. Le contexte peut identifier aussi :

  ➤ Une variété de changements : ceux liés à l'architecture du réseau et ceux liés à l'atmosphère de l'utilisateur.

  ➤ Une variété d'interactions : entre des personnes et des applications mais aussi entre des applications différentes ou entre une application et un équipement.

D'autres définitions de la notion de contexte existent dans la littérature. Certaines d'entres elles sont génériques et d'autres sont spécifiques à certains domaines. Pour pouvoir faire face aux problématiques de la connectivité et de l'interopérabilité, une définition universelle du mot contexte doit être mise en place. Cette définition doit s'adapter à tout environnement et à tout utilisateur de contexte. Pour cela nous avons adoptés la définition fournie ci-dessus et qui semble être la plus générique.

L'émergence de la notion de contexte a accompagné le besoin d'évoluer vers des réseaux plus intelligents. En effet, les communications mobiles de la 4ème génération, les réseaux ambiants et l'informatique omniprésente (ubiquitous computing) sont des notions utilisées pour faire référence aux réseaux futurs intelligents, hétérogènes et adaptés. La migration vers ce genre de réseau permet un accès aux ressources et aux services globaux depuis tout type d'équipement sans prendre en considération le facteur temps et espace. Une des propriétés fondamentales de ces réseaux est la sensibilisation au contexte (contexte-awareness). Vu l'intérêt qu'apporte cette notions, nous l'abordons avec plus de détails dans le troisième chapitre [2].

1.2 Orientation et problématique

Plusieurs alternatives existent pour résoudre le problème d'interopérabilité entre les réseaux, mais les caractéristiques complémentaires du réseau UMTS (Universal Mobile Telecommunications System) et du réseau WLAN (Wireless Local Area Network) les rendent idéalement interopérables. En effet, l'UMTS fournit des services voix ou data à une faible bande passante aux utilisateurs avec une mobilité élevée dans des régions étendues tandis que le réseau WLAN fournit plutôt un service data avec une bande passante élevée aux utilisateurs faiblement mobiles dans des couvertures limitées. Ainsi, nous constatons alors que le WLAN et l'UMTS sont complémentaires au niveau des services data.

Les réseaux WLAN sont largement déployés de nos jours dans les endroits dits HotSpot. Le mobile peut basculer sur l'UMTS dans les zones non couvertes par WLAN. Néanmoins, les contraintes de la QoS perçue par l'utilisateur et l'hétérogénéité des réseaux font de la gestion de mobilité une problématique importante à considérer avec attention. Ceci implique que des mécanismes de handover doivent être mis en place pour assurer que toutes les connexions en cours soient prises en charge par le réseau cible sans risque de coupure ni défaillance.

Dans la spécification des réseaux mobiles existants, les clients peuvent s'inscrire à plusieurs services IP répartis sur plusieurs technologies d'accès radio. En effet, la plupart des organismes de standardisation ; IETF (Internet Engineering Task Force), IEEE (Institute of Electrical and Electronics Engineers) et 3GPP (3rd Generation Partnership Project) s'intéressent de plus en plus à ce concept. Il en résulte l'apparition de diverses normes et architectures au cours de ces dernières années, citons par exemple MIP (Mobile IP), HIP (Host Identity Protocol), SIP (Session Initiation Protocol). Ces propositions ont principalement pour but la garantie de l'interopérabilité entre différentes technologies et la continuité des sessions de communication. Cette continuité de la connectivité, même dans le cas du handover, est connue sous le nom de mobilité «seamless» et elle est effective principalement dans le cas des mobiles multi-homés (équipés de plusieurs interfaces).

1.3 Motivation

Nous nous intéressons alors dans ce travail à étudier les fonctionnalités de gestion de mobilité qui visent à maintenir et optimiser la continuité des connexions des nœuds mobiles dans un environnement radio et hétérogène. Ces fonctionnalités doivent réagir face aux différents indicateurs issus de plusieurs parties du réseau et appartenant aux différentes couches protocolaires. En effet, plusieurs types d'événements peuvent déclencher les actions de gestion de mobilité, par exemple : les conditions liées au lien radio, les actions dépendantes du contexte ou liées à la sécurité, les contraintes des couches applicatives ou tout autres événements liés au système, à l'utilisateur ou l'application [4].

Pour exécuter toutes ces actions, nous avons besoin d'implémenter des mécanismes généraux et cohérents qui permettent le déclenchement des mécanismes de mobilité et l'identification des événements liés aux différentes couches. Le processus de décision (arbitrage entre les déclencheurs et les politiques) doit être ainsi géré par une plateforme générique et flexible. En effet, les actions générées par cette plateforme doivent être exécutées en se basant sur des décisions non ambigües, même en présence de conflits entre les indicateurs utilisés. Notre but est alors de pouvoir développer une telle architecture en se basant sur l'analyse et la classification des différents indicateurs même en présence de différentes dimensions de mobilité.

Outre la prise de décision, cette plateforme doit prendre aussi en considération l'adaptation de service au contexte courant de la session. En effet, la garantie de continuité de service n'est pas suffisante pour satisfaire les besoins de l'utilisateur, elle doit être aussi accompagnée par la garantie de la QoS (Quality-of-Service). Ainsi, notre plateforme proposée intègre aussi la notion de gestion de contexte.

1.4 Structure du rapport

Le premier objectif de ce travail est d'étudier le mécanisme du handover entre le réseau UMTS et le réseau Wi-Fi (Wirelless Fidelity). Pour cela, nous avons consacré le deuxième chapitre à l'étude des protocoles majeurs utilisés pour la gestion de mobilité ; nous nous sommes intéressés plutôt dans ce chapitre aux protocoles SCTP (Stream Control Transmission Protocol) et MIPv6 (Mobile IP version 6).

Comme indiqué auparavant, la notion de contexte doit être aussi considérée vue l'intérêt qu'elle apporte sur la garantie de la qualité de service. Pour cela, nous étudions dans le troisième chapitre les notions de contexte et de la sensibilisation au contexte.

Dans le quatrième chapitre, des études plutôt pratiques sont menées mettant l'accent sur l'aspect de mobilité. Dans ce chapitre, notre choix a porté sur l'utilisation de MIPv6 dans la simulation d'un environnement radio mobile hétérogène. Cet environnement est principalement constitué des réseaux UMTS et Wi-Fi et un nœud mobile multi-homé.

Le dernier chapitre s'attarde en premier lieu sur la description de la plateforme proposée pour gérer le contexte relatif à la mobilité, et en deuxième lieu sur la modélisation du contexte relatif à la mobilité en se basant sur une ontologie.

Chapitre 2 : Vue d'ensemble sur la gestion de mobilité

2.1 Introduction

Nous portons notre intérêt dans ce premier chapitre à la description du concept de gestion de la mobilité. La première partie du chapitre traite principalement l'utilité et l'intérêt de ces mécanismes. Il en suit une présentation de certaines architectures existantes déployées pour la gestion de mobilité. Le protocole de mobilité est l'un des aspects fondamentaux utilisé afin de garantir une continuité de services et de satisfaire les exigences de l'utilisateur. Les protocoles abordés dans ce travail sont MIH (couche 2.5) MIP (couche 3) et SCTP (couche 4). Nous mettons l'accent aussi sur les versions MIPv6 et mSCTP. En effet, ces deux évolutions permettent de mieux répondre aux exigences du projet SEAMLESS.

2.2 Intérêt et utilité de la gestion de mobilité

La résolution des problématiques de la mobilité IP est considérée comme un élément clé, elle est fondamentale et nécessaire pour fournir une mobilité transparente et «seamless» dans un environnement de réseaux sans fils (ex. WLAN, réseaux cellulaires 3G). Ces problématiques peuvent être classées en deux parties : gestion de localisation et gestion de mobilité (handover). La gestion de localisation est utilisée pour identifier la position courante des terminaux mobiles. Quant à la gestion de mobilité (ou aussi gestion de handover), elle sert principalement à maintenir les connexions courantes sans prendre en considération la position du mobile. L'objectif principal de ce mécanisme est de minimiser la dégradation du service en réduisant la perte des paquets et la gigue due à l'exécution de handover [5].

Par ailleurs, la gestion de mobilité peut être locale ou globale, i.e. entre plusieurs technologies d'accès ou au sein de la même technologie. Les mobilités globale et locale sont connues respectivement sous les noms de macro-mobilité et micro-mobilité. Les applications exigeantes en termes de QoS (i.e. sensible à la perte de paquets et à la coupure de sessions) requièrent une mobilité «seamless». En effet, le changement de réseau doit se faire d'une manière transparente aux applications, ce qui permet la continuité de services et la satisfaction des contraintes de la QoS [6].

Ainsi décrite, la gestion de mobilité peut être implémentée dans plusieurs couches de l'architecture du modèle OSI. Plusieurs protocoles sont standardisés et déployés de nos jours. Nous aborderons dans les paragraphes suivants les protocoles MIPv4/MIPv6 et SCTP/mSCTP.

2.3 Architectures existantes

2.3.1 MIP

Actuellement, Mobile IP est le protocole de gestion de mobilité le plus connu. Il est aussi la solution la plus commune pour offrir un handover «seamless» aux mobiles. En effet, MIP a été proposé par l'IETF afin de permettre aux utilisateurs de maintenir leurs connectivités à travers plusieurs réseaux IP.

La figure 1 illustre l'architecture d'un réseau qui intègre MIP pour la gestion de mobilité :

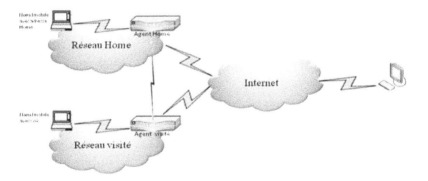

Figure 1 : Architecture du MIP

En revanche, MIP introduit quelques composants physiques nécessaires à l'exécution d'un handover. Ces composants sont :

1. Agent Home : Cet agent assure les communications avec le nœud mobile.
2. Agent visité : C'est le point d'attachement du mobile dans un réseau visité.
3. Care-of-address : C'est l'adresse IP du nœud mobile attribuée par l'agent visité.

Dans les réseaux IP traditionnels, le routage se base sur une adresse IP fixe. Cependant, un problème de déconnexion peut survenir lors du changement de réseau. MIP a été crée pour remédier à ce problème. En effet, ce protocole permet aux nœuds mobiles d'utiliser deux adresses IP à la fois. La première est l'adresse Home affectée par son réseau Home. La deuxième est la care-of-address utilisée par le mobile quand il est attaché au réseau visité. L'utilisation de la care-of-address lors de la procédure du handover est composée des trois phases suivantes :

1. Configuration de la care-of-address : En s'éloignant du réseau Home, le mobile accède à un réseau visité. Par la suite, il procède à l'obtention d'une nouvelle care-of-address auprès de l'agent visité en échangeant des messages spécifiques.

2. Enregistrement de la CoA auprès de l'agent Home : Le mobile envoie une requête d'enregistrement BU (Binding Update) à son agent Home pour lui communiquer sa nouvelle adresse temporaire. A la réception de cette requête, l'agent Home met-à-jour et ajoute les informations nécessaires à sa table de routage et procède après à acquitter le succès de l'opération [9].

3. Transfert des paquets depuis l'agent Home vers le mobile en utilisant sa care-of-address actuelle. L'agent Home doit intercepter les paquets destinés au mobile. Il doit ensuite les encapsuler et les destiner à la care-of-address. A l'arrivée de ces paquets au niveau de l'agent visité, ce dernier se charge de les envoyer au mobile.

L'intégralité de cette procédure et ses différentes étapes sont décrites dans la figure 2 :

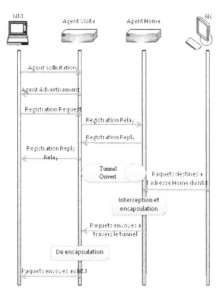

Figure 2 : Opérations liées au MIPv4

D'après les étapes décrites, l'envoi des paquets dans MIP se fait suivant un routage triangulaire. Outre le problème de routage, MIPv4 souffre d'une limitation dans l'espace d'adressage. Pour remédier à ces problèmes, MIPv6 a été proposé comme étant une alternative et une extension de MIPv4 [7].

Dans MIPv6, le concept d'agent visité a été abandonné. Pour la configuration de sa CoA, le mobile scrute plutôt les messages diffusés par les routeurs [8]. Cette adresse peut être obtenue auprès d'un serveur DHCP ou suivant la méthode d'auto-configuration. Contrairement à MIPv4, MIPv6 utilise un routage optimisé. Ce mécanisme permet de réduire la charge et le délai introduits dans le réseau. En effet, dans MIPv6, les paquets destinés au mobile passent via l'agent Home uniquement lors du premier envoi. Afin de pouvoir communiquer directement avec son correspondant, le mobile doit aussi lui notifier son changement d'adresse via un BU [10] [11].

En revanche, grâce à la procédure adoptée, le temps de transmission des paquets dans MIPv6 est largement réduit. La procédure entière utilisée par MIPv6 pour la gestion de mobilité est décrite dans la figure 3 :

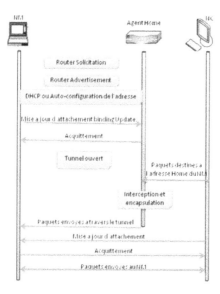

Figure 3 : Opérations liées au MIPv6

Afin de sécuriser la procédure d'échange des paquets BU, MIPv6 utilise la procédure du *Return Routability*. Cette procédure est basée sur l'échange de cookies pour vérifier les nœuds et leurs adresses. Le nœud mobile initie cette procédure en envoyant à son correspondant (via l'agent Home ou directement) les messages HoTI (Home Test Init) et CoTI (Care-of Test Init). Le nœud correspondant doit régénérer les cookies inclus dans ces messages et répondre par les messages HoT (Home Test) et CoT (Care-of Test). Suite à la réception de ces paquets, les deux extrémités peuvent lancer l'échange des BU.

Il est largement répandu que MIP introduit beaucoup de délai dans l'architecture du réseau [17]. Ainsi, SCTP est une solution alternative proposée pour gérer la mobilité des différentes d'applications.

2.3.2 mSCTP

mSCTP est une extension de SCTP qui est à la base un protocole de niveau transport (figure 4). Ce protocole assure la gestion de mobilité grâce aux caractéristiques suivantes : le multi-homing et la configuration dynamique de l'adresse (extension connue sous le nom de DAR (Dynamic Address Reconfiguration)). En effet, le multi-homing se base sur la capacité des nœuds de gérer simultanément plusieurs adresses IP. DAR est une méthode de spécification des états liés aux adresses utilisées dans une association SCTP [12].

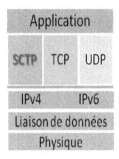

Figure 4 : Pile protocolaire

En revanche, l'apparition de SCTP a succédé à celles de TCP et UDP. Le déploiement de TCP et UDP est largement répandu dans la majorité des réseaux IP. Cependant, chacun a ses propres limites [13]. En effet, malgré sa fiabilité, TCP ne permet pas l'utilisation du multi-homing. En plus, il génère le problème de Head-of-Line blocking. Il est connu aussi par sa vulnérabilité aux attaques DoS (Denial of service) comme illustré dans la figure 5 [16].

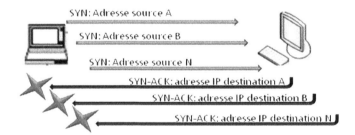

Figure 5 : Attaque SYN dans TCP

Similairement à TCP, UDP est considéré comme un protocole de transport pour certains types d'application (ex. signalisation téléphonique). En effet, ce protocole est conçu principalement pour les applications temps réels. Toutefois, il est caractérisé par la non fiabilité de son service et l'absence des mécanismes pour la gestion de congestion.

Afin de remédier à ces problèmes, SCTP a définit les nouveaux aspects suivant : [15] [16]

- La transmission de données peut se faire suivant un ordre total ou partiel. Chaque application peut choisir l'ordre de transmission qui convient à ses besoins.

- SCTP permet l'utilisation du multi-homing. Dans une association SCTP, plusieurs adresses IP peuvent être utilisées comme illustré dans la figure 6. Une adresse est configurée comme primaire pour la transmission de données. Les autres, désignées comme secondaires, sont utilisées pour la sécurisation. SCTP est ainsi plus robuste aux défaillances des liens.

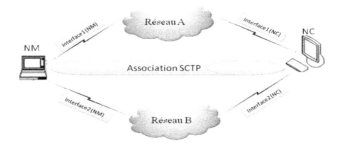

Figure 6 : Association SCTP entre des nœuds muti-homés

- SCTP repose sur le principe du multi-streaming pour remédier au problème de Head-of-Line blocking. En effet, chaque stream est considéré comme un sous-flux indépendant dans sa transmission (figure 7). En cas de perte, seul le flux impacté est retransmis.

Figure 7 : Exemple de multi-streaming

- SCTP utilise des cookies de sécurité pour éviter les attaques SYN. Lors de l'initiation d'une association SCTP, les deux extrémités échangent des paquets contenant des cookies comme illustré dans la figure 8 :

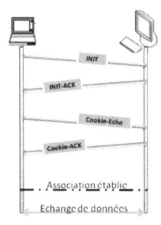

Figure 8 : Etablissement de l'association SCTP

- SCTP implémente un nouveau mécanisme de test basé sur l'échange de messages « Heartbeat ». Ces messages périodiques sont envoyés à toutes les adresses IP pour tester leurs états. Au bout d'un certain nombre de heartbeat envoyés et non acquittés, l'adresse concernée est considérée comme défaillante.

Outre la fonction de transport, la version mSCTP permet aussi d'assurer la fonction de mobilité grâce à l'utilisation du multi-homing et de l'extension DAR. Cette extension assure la reconfiguration dynamique des adresses via des paramètres spécifiques qui permettent :

> L'ajout d'une adresse IP à une association en cours.
> La suppression des adresses IP non utilisées dans une association.
> Le changement de l'adresse IP primaire.

Dans la première partie de ce rapport, nous nous sommes intéressé à étudier deux protocoles que nous considérons comme les plus appropriés pour le projet SEAMLESS. Néanmoins, le protocole de mobilité est plutôt orienté vers la gestion des adresses et des sessions. La fonction de prise de décision n'est pas assurée à ce niveau. Pour cette raison, le système doit aussi implémenter un mécanisme adéquat pour cette fonction. Plus de détails concernant cette problématique sont fournis dans le paragraphe suivant.

2.3.3 MIH

L'IEEE 802.21 [30] est un standard regroupant un ensemble d'algorithmes permettant le changement rapide et automatique de réseaux. Ce standard spécifie des procédures qui facilitent la prise de décision du handover. Il permet aussi de fournir l'état de niveau liaison de données sous forme d'informations aux utilisateurs de MIH. Le standard gère la spécification des procédures de commandes qui permettent de mettre en œuvre la continuité de service sans coupure entre des réseaux hétérogènes.

IEEE 802.21 contribue aux phases d'initialisation, de sélection du réseau et à l'activation des interfaces. Ce standard consiste en l'élaboration d'une architecture qui permet la continuité de service de manière transparente lorsque le terminal mobile passe entre deux réseaux hétérogènes. Raison pour laquelle le groupe de travail IEEE 802.21 a créé une architecture de base qui définit une fonction MIHF «Media Independent Handover Function» [31] qui va aider les systèmes mobiles à effectuer un handover sans coupure entre des réseaux d'accès hétérogènes tels que IEEE 802.11 et UMTS (réseau mobile 3G).

2.3.3.1 La fonction MIHF

La Fonction MIH est une couche fine au sein de la pile protocolaire du nœud mobile et des éléments réseau. Cette fonction, intégrée entre les couches 2 et 3 dans le modèle OSI, opère au niveau de la couche 2.5 comme illustré dans la figure 9. Ce positionnement permet de fournir des services aux couches supérieures en restant indépendant d'une technologie. Il permet également d'obtenir des services des couches inférieures au travers de plusieurs interfaces provenant de technologies différentes.

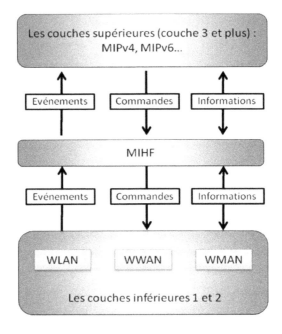

Figure 9 : La norme IEEE 802.21 dans le modèle OSI

La MIHF joue le rôle d'intermédiaire entre les couches supérieures et les couches inférieures. Il a pour principale fonction l'échange des informations, des notifications et des commandes entre les différentes entités impliquées dans le processus de handover.

La communication entre la Fonction MIH et toute autre entité fonctionnelle se fait à travers les points d'accès de service (SAPs). Le standard IEEE 802.21 définit trois types de SAPs [32] :

o MIH_SAP : cette interface permet la communication entre la Fonction MIH d'une part et les couches supérieures de l'autre part,

o MIH_LINK_SAP : c'est l'interface entre la Fonction MIH et les couches inférieures (MAC/PHY),

o MIH_NET_SAP : cette interface supporte l'échange des informations entre des entités MIHF distantes.

2.3.3.2 Les services de MIH

La norme MIH définit trois services permettant le handover :

1. **Media Independent Event Service (MIES) :** Le service d'évènement est le noyau fonctionnel du Media Independent Handover. Le but de ce service est d'indiquer et de prévoir les changements d'état et le comportement des transmissions de données. Ces notifications sont transmises d'une couche inférieure de la pile protocolaire à un plus haut niveau ou bien entre la Fonction MIH d'un nœud à celle d'une autre entité. Par exemple, "la qualité de la liaison sans fil se dégrade" est un événement de notification qui est transmis à partir de la couche PHY à la couche MIHF.

   Le service d'événement peut être divisé en deux catégories : événements de lien et événements MIH. Les événements de lien sont définis comme issus d'une entité positionnée sous la fonction MIH pour arriver à MIHF. A l'intérieur de MIH, les événements de lien peuvent être propagés aux couches supérieures avec ou sans traitement additionnel. Les événements, qui sont propagés par MIH, sont appelés MIH Events. Les événements, qui peuvent initier un handover, peuvent provenir des couches MAC, PHY ou de la fonction MIH et ce depuis le nœud mobile ou le point d'attachement [32].

2. **Media Independent Command Service (MICS) :** Le service de commande permet d'actionner le mécanisme de handover. Ces commandes sont envoyées des couches supérieures vers celles inférieures. Certaines concernent uniquement les points d'accès entre eux, d'autres font entrer en jeu le client concerné. Comme pour les événements, il existe deux types de commandes : les commandes MIH, issues des couches supérieures et les commandes de lien issues de la couche MIH [32].

3. **Media Independent Information Service (MIIS) :** La fonction principale du service d'information est de permettre aux terminaux mobiles ainsi qu'aux entités côté réseau, de découvrir l'information qui peut les aider à sélectionner correctement un réseau lors d'un handover. Ces informations sont échangées de manière bidirectionnelle entre les couches 2 et 3 [32].

2.4 Intérêt de la prise de décision pour la gestion de mobilité

Afin de garantir le niveau de QoS désiré lors de l'exécution d'un handover vertical, plusieurs paramètres doivent être pris en compte, i.e. les contraintes propres au mobile, les préférences de l'utilisateur et les conditions du réseau. Toutefois, il est nécessaire d'implémenter un mécanisme qui se base sur ces paramètres pour la prise de décisions.

En revanche, l'utilisation de ces paramètres contribue énormément dans le choix du réseau cible. Le réseau choisi doit être le mieux adéquat pour répondre aux besoins des applications. En effet, cette décision peut être effectuée au niveau du mobile (approche centralisée) ou avec la collaboration du réseau (approche décentralisée). La deuxième approche est plus avantageuse puis qu'elle prend en considération à la fois les préférences utilisateurs et les conditions du réseau.

Dans la littérature il existe plusieurs mécanismes de décision pour la gestion de mobilité, parmi lesquels la logique floue [28] et les réseaux de neurones [29]. Le système expert semble être l'approche la plus adéquate à adopter pour notre projet. Le chapitre 5 s'attarde à expliquer l'utilisation de ce mécanisme dans le processus de décision.

2.5 Conclusion

Ce chapitre est dédié principalement à l'étude des architectures nécessaires à la gestion de mobilité. Au cours de ce projet, nous avons choisi d'étudier le standard MIH qui permet l'échange des informations utiles à l'initialisation et à la préparation du handover. Nous avons aussi traité les protocoles suivants : MIPv4/v6, SCTP/mSCTP. Ces solutions ont principalement pour rôle la gestion des sessions de communications et la gestion des adresses. Ces deux solutions ont été retenues mais chacune est appliquée pour des cas d'utilisation bien spécifiques. Toutefois, ces protocoles ne permettent pas la sélection entre plusieurs réseaux cibles, ainsi il est nécessaire d'implémenter un mécanisme qui permet d'assurer cette fonction. Le choix de la technologie cible est principalement basé sur des informations de contexte convenablement récupérées et traitées. Cette notion de contexte fait l'objet du chapitre suivant.

Chapitre 3 : Vue d'ensemble sur la gestion de contexte

3.1 Introduction

Les informations collectées auprès des équipements et des réseaux servent principalement à la gestion de contexte. Néanmoins, ces informations doivent être traitées pour permettre leurs exploitations par d'autres composants. Des fonctionnalités responsables de la collecte et du procédé de ces données doivent être mis en place. Dans ce chapitre, nous nous intéressons au début à l'étude des notions de contexte et de la sensibilisation au contexte. Il en suit une présentation de certaines architectures utilisées pour la collecte des informations. La dernière partie est consacrée principalement à la notion de modélisation du contexte, une des plus importantes thématiques évoquées dans la littérature.

3.2 Notion de contexte

L'idée d'annotation sémantique des ressources WEB est apparue dans les années 90 et elle continue à se développer avec la nouvelle architecture du web. Le web sémantique permet d'utiliser plus de fonctionnalités automatisées. Le web sémantique permet aussi une véritable indépendance entre les équipements et une personnalisation du contenu des informations pour l'utilisateur. En effet, il permet de mettre en place des ressources web avec des annotations formelles décrivant leurs buts, leurs fonctionnalités et leurs échanges avec d'autres ressources.

En outre, un utilisateur qui est à la recherche d'un service bien déterminé peut switcher d'un réseau à un autre ou d'un équipement à un autre. Une telle liberté du mouvement est conditionnée par des facilités supplémentaires pour permettre à l'utilisateur d'utiliser les services d'un nouvel environnement. Ainsi, les ressources du réseau global doivent être améliorées afin de garantir :

- ➢ La recherche sémantique
- ➢ La découverte des services
- ➢ Le traitement automatisé des informations
- ➢ La transformation appropriée de l'information en fonction les besoins de l'utilisateur

> ➢ La négociation automatique des coûts et du contenu des services offerts.

Toutes les informations qui contribuent à ces actions font partie du contexte traité. Ce contexte est essentiellement récupéré auprès de l'environnement physique, des utilisateurs et des terminaux. Ainsi, nous distinguons trois types de contexte :

> ➢ Contexte fourni par les équipements : mémoire, puissance, codeurs, etc.
> ➢ Contexte fourni par l'utilisateur : préférences techniques, données personnelles, relations sociales, etc.
> ➢ Contexte physique fourni par l'environnement physique qui entoure les terminaux et les utilisateurs.

Ces différentes informations doivent être traitées pour pouvoir s'en servir. Ainsi, il est nécessaire de faire recourt au mécanisme de la gestion de contexte pour :

> ➢ Rassembler les données fournies par les différents types de sources.
> ➢ Rendre ces informations accessibles aux applications.
> ➢ Contrôler l'accès et les différentes opérations effectuées sur ces informations [20].

L'étude de la notion de contexte est largement abordée. En effet, plusieurs définitions du mot « contexte » existent dans la littérature. La définition la plus connue est celle donnée par Dey : « le contexte est toute information qui peut être utilisée pour caractériser la situation d'une entité. Une entité est une personne, un lieu ou un objet qui peut être pertinent à l'interaction entre l'utilisateur et l'application ».

En revanche, du point de vue d'un utilisateur des télécoms, le contexte peut être compris comme les données qui concernent les changements se produisant dans l'environnement. Cet environnement comprend le réseau de communication, les équipements utilisés, l'entourage physique et même les utilisateurs [2].

L'utilisation du contexte n'a cessé de prouver son utilité, plus en plus d'applications s'intéressent à ces informations. Cette catégorie est connue sous le nom d'application sensibilisée au contexte. Plus de détails à propos de ce concept seront fournis dans le paragraphe suivant.

3.3 Notion de sensibilisation au contexte

3.3.1 Principes

Le contexte peut identifier une variété de changements et distinguer ceux liés aux changements de réseau et ceux liés à l'utilisateur. Les systèmes sensibilisés au contexte sont ceux capables d'adapter leurs opérations au contexte courant sans avoir besoin d'une intervention explicite de la part de l'utilisateur. L'aptitude d'être sensibilisé au contexte est souvent divisée en trois parties : l'extraction, l'interprétation et l'utilisation de contexte. Ceci vise à améliorer l'utilisation et l'efficacité des systèmes tout en considérant le contexte lié à l'entourage et à l'environnement [2].

En revanche, il est important que les applications et les services s'adaptent aux facteurs spatiaux et temporels. Cependant, l'utilisation du contexte est restreinte par la spécificité des informations. En effet, une solution n'est effective que dans le domaine du contexte utilisé lors de la résolution [2].

La manière la plus connue pour classer les informations de contexte est la distinction entre ses différentes dimensions. La dimension externe ou physique s'applique au contexte mesuré par des capteurs (ex. température, pression, mouvement...), la dimension interne ou logique est celle spécifiée par l'utilisateur ou capturée par un système qui contrôle les interactions avec l'utilisateur (ex. tâches journalières, les informations liées à son travail, à sa vie, etc.). La plupart des systèmes utilisent plutôt le contexte externe comme il est plus facile à récupérer et il fournit des informations utiles. Certaines applications ont opté pour l'utilisation du contexte logique basé sur les informations récupérées des pages web visitées, des documents téléchargés, etc.

3.3.2 Etapes

La sensibilisation au contexte est souvent considérée comme un processus qui fait appel aux étapes suivantes :

1. L'acquisition de contexte : récupération des informations de contexte auprès de plusieurs sources, ex : des capteurs physiques, des profiles utilisateurs, des sessions de communications et des applications.

2. Le provisionnement de contexte : fourniture, sauvegarde et transformation des informations de contexte. Les travaux actuels visent essentiellement à développer

des programmes intermédiaires méditatifs fournissant une personnalisation pour la distribution des services. Plusieurs approches (PACE, Dynamos…) ont été proposées, mais cette diversité rend l'interopérabilité des systèmes plus compliquée et plus difficile à réaliser.

3. L'interprétation de contexte : c'est le processus d'étude de contexte, il concerne particulièrement les préférences de l'utilisateur. En effet, ce processus consiste à déterminer tous les types de contexte possibles et leurs caractéristiques.

4. Le raisonnement de contexte : c'est la procédure de prise de décision qui produit les ajustements possibles dans le comportement de l'application. Un exemple d'environnement de raisonnement proposé est MyCampus. Cet outil n'est pas suffisamment efficace puis qu'il est basé sur un grand nombre de variables de contexte qui sont souvent corrélés et en conflit [2].

3.3.3 Plateformes existantes pour l'extraction de données

Les systèmes sensibilisés au contexte peuvent être implémentés suivant plusieurs approches. Chaque approche dépend de certaines contraintes et conditions, ex : l'emplacement du capteur (local ou distant), le nombre d'utilisateurs possibles, les ressources disponibles sur le terminal, etc. Ainsi, la méthode d'acquisition des données de contexte est très importante lors de la spécification de l'architecture du système de gestion de contexte.

La première approche étudiée [23] propose les trois méthodes suivantes pour extraire les informations du contexte :

1. Par accès direct aux capteurs : En utilisant les capteurs intégrés dans les équipements, les applications peuvent accéder directement aux informations désirées. Cependant, cette méthode de couplage étroit est rarement utilisée. En effet, elle n'est pas adéquate pour les systèmes distribués et elle ne permet pas de gérer les conflits et les accès concurrents aux multiples capteurs.

2. Par une infrastructure middleware : Cette méthode introduit une architecture en couche pour les systèmes sensibilisés au contexte. En effet, elle est plus extensible que la précédente puisqu'elle n'introduit pas de modifications dans l'implémentation de l'application et elle facilite la réutilisation du capteur grâce à la nature de l'encapsulation utilisée.

3. Par un serveur de contexte : Cette méthode consiste à autoriser un accès multiple aux sources de données distantes. Cette approche distribuée étend l'architecture précédente en introduisant un composant distant qui gère l'accès aux informations. Les données récupérées des capteurs sont envoyées à ce composant. Outre la réutilisation des capteurs, ce serveur peut remplacer les équipements à faible ressources.

La deuxième approche étudiée [24] propose similairement les trois modèles suivants pour la gestion de contexte :

1. Widget : c'est une interface commune aux capteurs, ainsi les procédures de capture sont dissimulées aux clients. Ce type d'interfaces est généralement contrôlé par un serveur. Cette approche est efficace mais elle est vulnérable aux pannes des équipements.

2. Services liés : cette approche est plus flexible que la précédente. En effet, elle est basée sur des techniques spécifiques pour l'acquisition d'informations mais elle opte à l'utilisation des composants réseau avec des architectures compliquées.

3. Modèle blackboard : cette approche est asymétrique. En effet, les applications envoient des messages à un media partagé, nommé blackboard, et s'enregistrent auprès de ce composant pour recevoir des notifications quand certains événements se manifestent. Cette méthode est simple et facile à configurer mais elle nécessite un serveur centralisé pour gérer le blackboard.

Comme mentionné auparavant, la séparation des concepts de la détection et de l'utilisation de contexte est nécessaire pour améliorer l'extensibilité et la réutilisabilité des systèmes. Les fonctionnalités d'interprétation et de raisonnement sont ajoutées à l'architecture (en couche) des systèmes sensibilisés au contexte comme le montre la figure 10 :

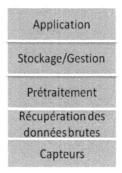

Figure 10 : Architecture en couche des systèmes sensibilisés au contexte

➢ La première couche consiste en un ensemble de capteurs d'informations. Ces capteurs peuvent être physiques, virtuels ou logiques.

➢ La deuxième couche est responsable de l'extraction de données brutes de contexte.

➢ La couche prétraitement n'est pas implémentée dans tous les systèmes sensibilisés au contexte. Cette couche permet le raisonnement et l'interprétation des données de contexte. En effet, les informations transmises par les capteurs sont généralement non appropriées à l'utilisation par les couches hautes.

➢ La quatrième couche : stockage et gestion. Elle s'occupe de l'organisation et de l'envoi des données récupérées à des interfaces spécifiques. L'accès à ces interfaces se fait d'une manière synchrone ou asynchrone. Dans le mode synchrone, le client scrute le serveur pour la réception des données. Dans le mode asynchrone le client s'enregistre auprès du serveur pour recevoir des notifications [21].

La spécification de ces différentes couches permet de garantir une sensibilisation au contexte efficace. Et afin de mieux améliorer les performances du système, il est important de définir une plateforme de modélisation de contexte flexible. L'objectif de cette plateforme est de disposer des outils efficaces pour la découverte, l'analyse et la description des informations de contexte [2].

3.3.4 Modélisation du contexte

La modélisation de contexte est souvent définie comme une présentation formelle des concepts et de leurs relations. En effet, un modèle de contexte est nécessaire pour définir et sauvegarder les données de contexte suivant un format compréhensible par la machine [25].

L'utilisation de différentes approches pour la modélisation génère un problème d'interaction entre les différents domaines décris dans le modèle proposé. Une telle interaction est déjà difficile à manipuler à cause des variations dans les annotations utilisées. Ainsi, il est nécessaire de définir une approche générique et globale pour la modélisation de contexte.

Par ailleurs nous pouvons déduire que la modélisation est la partie la plus problématique dans l'étude des systèmes sensibilisés au contexte. L'un des axes de recherche les plus consistants est celui basé sur une gestion de contexte distribuée et modulaire (i.e. la substitution ou la suppression d'un module n'impacte pas le fonctionnement des autres) [2].

Dans ce cadre, plusieurs approches pour la modélisation de contexte ont été proposées, elles sont généralement basées sur des structures de données utilisées pour la description et l'échange des informations contextuelles :

> ➢ Modèles à schéma de marquage : ces modèles utilisent une structure de données hiérarchique avec un contenu étiqueté par des labels et des attributs.
> ➢ Modèles graphiques : UML (Unified Modeling Language) est un système de notations qui utilise les concepts orienté-objets.
> ➢ Modèles basés sur l'ontologie : une ontologie est une description des objets et des relations. L'ontologie présente un outil de modélisation prometteur grâce à son expressivité, flexibilité et généricité [21].

L'utilisation d'ontologie pour la présentation des informations est un outil efficace qui permet de construire une base globale pour les informations de contexte formalisées et structurées [2].

En revanche, plusieurs langages sont disponibles de nos jours pour décrire, publier et partager des ontologies développées par le WWW consortium (ex. les langages RDF et OWL). La description de chaque élément de contexte dans ces langages est basée sur un couple d'attributs :

➢ Le type de contexte : la catégorie de contexte.

➢ La valeur de contexte : la donnée brute récupérée via les capteurs.

Généralement, le type et la valeur du contexte ne sont pas des informations suffisantes pour construire un système sensibilisé au contexte et opérationnel à la fois. D'autres attributs peuvent être utiles comme :

➢ L'indicateur temporel : cet attribut contient la date de capture du contexte. Il est nécessaire pour créer un historique de contexte et traiter les conflits de capture.

➢ La source : cet attribut contient des informations concernant les manières dont les données ont été traitées.

➢ L'indice de confiance : cet indice décrit l'incertitude du type de contexte, vu que les informations fournies ne sont pas toutes précises.

L'infrastructure la plus connue pour les plateformes distribuées et sensibilisées au contexte est l'infrastructure hiérarchique classique en couche avec un ou plusieurs composants centralisés. Cette approche est utile pour surmonter les contraintes de la mémoire et du processeur des équipements mobiles. Mais elle présente un seul point de défaillance [21], [22].

3.3.5 La notion de l'ontologie

Les travaux menés autour de la description des services Web utilisent de plus en plus les ontologies pour fournir une représentation de l'information sémantique, à la fois, détaillée, riche et facile à manipuler par les machines. Une ontologie permet donc d'organiser des informations ou des concepts pour construire de la connaissance, en ce sens elle contribue considérablement dans le domaine du web sémantique.

Toutefois, nous distinguons généralement deux entités globales au sein d'une ontologie. La première, à objectif terminologique, définit la nature des éléments qui composent le domaine de l'ontologie en question, un peu comme la définition d'une classe en programmation orientée objet qui définit la nature des objets que nous allons manipuler par la suite. La seconde partie d'une ontologie explicite les relations entre plusieurs instances de ces classes définies dans la partie terminologique. Ainsi, au sein d'une ontologie, les concepts sont définis les uns par rapport aux autres, ce qui autorise un raisonnement et une manipulation de ces connaissances.

Afin de profiter des avantages des ontologies et pour particulièrement améliorer la découverte et la composition des services Web, nous nous intéressons dans ce rapport à l'étude du langage OWL (Ontology Web Language). OWL est basé sur une sémantique formelle définit par une syntaxe rigoureuse. Il existe trois versions du langage : OWL Lite, OWL DL, et OWL Full. Ce langage est composé des trois parties suivantes :

1. Une classe, c'est à dire un groupe d'individus partageant les mêmes caractéristiques. Les classes peuvent être organisées hiérarchiquement selon une taxonomie. Les classes définies par l'utilisateur sont d'ailleurs toutes des enfants de la « super-classe » OWL :Thing. Nous pourrons comparer cela à une table dans le domaine des bases de données relationnelles.

2. Une propriété qui permet de définir des faits ou des relations entre ces classes. Il existe en OWL deux types de propriétés : propriété d'objet (owl :ObjectProperty) qui définit une propriété entre deux individus d'une classe ou de plusieurs classes, c'est à dire une relation et une propriété de type de données (owl :DataTypeProperty), c'est à dire une relation entre une valeur ou donnée et un individu d'une classe, c'est l'équivalent d'un champ d'une table dans une base de données relationnelles. Les propriétés peuvent aussi être organisées hiérarchiquement.

3. Une instance, c'est à dire un individu d'une classe qui peut prendre les caractéristiques définies par les propriétés.

Par ailleurs, il est aussi possible de définir des règles ou des restrictions sur les classes et les propriétés pour pouvoir faire des inférences.

Les principaux objectifs des approches de description sémantique de service sont l'automatisation et l'amélioration de la découverte et la composition et l'invocation services. Nous observons que ces objectifs sont atteints grâce à l'utilisation d'OWL puisque ces approches décrivent d'une façon ou d'une autre les profils et le comportement des services. Raison pour laquelle, nous avons opté à l'utilisation de ce langage pour le développement de notre ontologie proposée dans le cadre de ce projet.

3.4 Conclusion

La notion de gestion de contexte attire de plus en plus l'attention des chercheurs, vu l'utilité qu'apporte son utilisation en particulier dans le domaine des réseaux télécoms. Le nombre de tentatives pour l'utilisation des applications sensibilisées au contexte ne cesse de croitre. Ces applications sont désormais capables de s'adapter au contexte actuel. Ainsi elles peuvent avoir un comportement en cohérence avec l'environnement de l'exécution. La gestion de contexte permet aussi de procéder à la modélisation du contexte suivant un format compréhensible par les machines. Une architecture de gestion doit être définie pour pouvoir tirer profit de l'utilisation de contexte. Mais bien avant la spécification de cette architecture, l'étude pratique va commencer plutôt avec des simulations de l'architecture de la gestion de mobilité. L'architecture de mobilité simulée et les scénarios adoptés sont décrits dans le chapitre suivant.

Chapitre 4 : Gestion du handover vertical-Etude pratique

4.1 Introduction

Afin de garantir une continuité de service et une transmission de données «seamless», il est nécessaire de concevoir un système robuste et efficace pour la gestion des handovers. Pour permettre de bonnes performances, ce système doit implémenter un protocole de gestion de mobilité et un mécanisme de prise de décision. Ces deux éléments doivent collaborer ensemble dans le processus d'exécution du handover. Pour mettre en pratique ces aspects, ce chapitre s'intéresse à une simulation d'un scénario de handover vertical entre les réseaux UMTS et Wi-Fi. Le protocole utilisé pour la gestion de mobilité est le MIPv6. Une couche intermédiaire faisant appel à la norme MIH (Media Independent Handover) a été aussi implémentée. Cette couche collecte les informations nécessaires et contribue à la prise de décision. Ce chapitre commence par décrire le scénario étudié. Ensuite il explique le déroulement du processus de gestion de la mobilité en analysant les différents résultats obtenus. Pour appuyer les résultats de la simulation, une étude analytique a été aussi menée. Cette étude est basée sur des formules de calcul des délais en prenant en considération le cas des mobiles multi-homés.

4.2 Présentation du scénario

Le processus de modélisation du scénario sert principalement à définir une topologie de réseau qui peut être utilisée dans la simulation. Ce scénario doit être bien défini afin de pouvoir analyser et évaluer convenablement les performances du système. L'architecture utilisée dans ce travail de recherche est composé de deux nœuds communicants. Ces nœuds peuvent présenter en pratique plusieurs combinaisons, i.e. deux clients, deux serveurs ou un client et un serveur. Le choix a été porté à l'utilisation de l'architecture client-serveur. Le nœud mobile joue le rôle de client et reçoit un trafic vidéo envoyé par le serveur (un nœud fixe).

Le client est initialement rattaché à l'UMTS (figure 11) où il établit sa connexion avec le serveur. Durant la session en cours d'exécution, le client change d'emplacement (de l'UMTS vers le Wi-Fi et vis-versa). Lors du changement de son point d'attachement, le mobile doit déclencher une mise-à-jour de son emplacement. Par ailleurs, pour s'assurer que les deux nœuds peuvent continuer leur communication sans qu'ils soient affectés par le mouvement du mobile, un protocole de mobilité est implémenté dans le système. Le protocole utilisé dans notre scénario est le MIPv6.

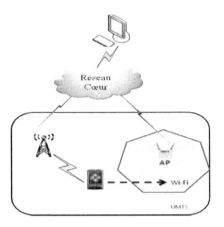

Figure 11 : Scénario : mobile connecté à l'UMTS

En revanche, nous avons opté à l'utilisation d'un mobile multi-homé afin de garantir un handover «seamless». Ce nœud dispose alors de deux interfaces : une interface UMTS et une autre Wi-Fi. La carte Wi-Fi peut obtenir une adresse IP auprès du point d'accès quand le mobile entre dans la zone de couverture du réseau WLAN. Le mobile peut utiliser ensuite cette adresse IP pour communiquer avec son correspondant. En effet, la bande passante du WLAN est plus importante et son coût est plus faible, par conséquent il est préférable de communiquer via le Wi-Fi quand le mobile dispose de cette connectivité (figure 12). Le mobile se reconnecte de nouveau à l'UMTS le moment où il quitte le réseau Wi-Fi. Ainsi, deux moments de handover sont détectés : de l'UMTS vers le Wi-Fi (la connexion Wi-Fi est active) et vis versa (la connexion Wi-Fi devient désactivée).

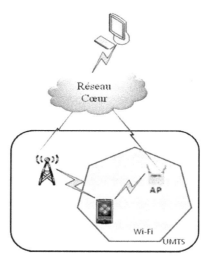

Figure 12 : Scénario : mobile multi-homé

Lors de l'exécution du premier handover (de l'UMTS vers le Wi-Fi), les étapes suivantes ont été suivies :

> ➢ Etape 1 : Obtention d'une nouvelle adresse IP depuis le nouvel emplacement. Dès que le mobile entre dans la couverture du réseau Wi-Fi, il obtient une nouvelle adresse IP fournie par le point d'accès, il devient par conséquent un nœud multi-homé.
> ➢ Etape 2 : Mise-à-jour de cette adresse IP auprès du nœud correspondant. Le mobile doit notifier son correspondant pour sa nouvelle adresse IP en envoyant un paquet de mise-à-jour d'attachement.
> ➢ Etape 3 : Redirection du flux sur le nouveau chemin établi entre les nœuds. Le nœud correspondant doit utiliser désormais le lien Wi-Fi pour la transmission de données.

L'exécution du handover est conditionnée principalement par les deux premières phases. A la différence d'un handover horizontal (au sein d'une même technologie), le mobile n'a pas besoin de procéder à la surpression de l'ancienne adresse IP. En effet il peut garder les deux adresses IP et bénéficier par conséquent du multi-homing. Dans notre simulation, la première interface correspond à une connectivité UMTS qui est bien une connexion permanente. Ainsi, la possibilité de devenir multi-homé est garantie au mobile.

En s'éloignant du point d'accès, une dégradation dans la qualité Wi-Fi se manifeste. Dans ce cas, le mobile entame la deuxième phase du handover. Néanmoins il n'a pas besoin de lancer la procédure d'obtention d'une adresse IP UMTS vu qu'il la possède déjà. Par conséquent, il peut directement lancer la mise-à-jour de son adresse IP auprès de son correspondant (figure 12). Une fois le mobile a quitté complètement la couverture du réseau Wi-Fi, un paquet de mise-à-jour d'attachement est envoyé au nœud correspondant pour lancer la suppression de l'adresse IP Wi-Fi.

Selon les travaux évoqués dans [9] et [10], nous constatons que MIPv6 est relativement efficace pour la procédure de gestion de mobilité. Le routage des paquets est largement optimisé et la possibilité d'utiliser le multi-homing a clairement contribuée dans l'amélioration des performances. Cependant, les problèmes de délai qui ont été largement évoqués avec MIPv4 ne sont pas complètement résolus avec MIPv6. Un protocole de mobilité permet de gérer les adresses IP et leurs mises-à-jour mais il ne gère pas les indicateurs qui permettent de déclencher les handovers. Ainsi, il est important d'implémenter dans le système un mécanisme pour la récupération des informations auprès des autres couches. Dans notre scénario, nous avons choisi d'adopter le mécanisme du MIH. Une description simplifiée de cette couche est donnée dans le paragraphe suivant.

4.3 Implémentation du scénario

4.3.1 Simulateur utilisé

NS-2 (Network Simulator 2) est un logiciel libre. Il présente un standard de référence dans le domaine de la simulation logicielle. Il a pour objectif la construction d'un simulateur multi-protocoles pour permettre l'étude d'interaction entre les protocoles et le comportement d'un réseau. Le simulateur contient des bibliothèques pour la génération des topologies réseaux, des trafics ainsi que des outils de visualisation tels que l'animateur réseau NAM (Network ANimator).

Toutefois, NS-2 est conçu à la base des notions réseau, de la réutilisation du code et de la modularité. En effet, Il contient les fonctionnalités nécessaires à l'étude des algorithmes de routage unicast ou multicast, des protocoles de transport, de session, de réservation, des services intégrés et des protocoles d'application comme http. De plus, le simulateur possède une palette de systèmes de transmission, d'Ordonnanceurs et de politiques de gestion de file d'attente pour effectuer des études de contrôle de congestion [26].

4.3.2 Paramètres de la simulation

Paramètre	Signification
Simulation time	durée de la simulation en seconde fixée à 170 sec pour la plus part scénarios simulés
Seed	RNG (*Random Number Generator*) fixé à 5 pour tous les scénarios simulés
Speed	vitesse du noeud mobile (m/sec)
God	=11 : nombre de nœuds utilisés
Paramètres du réseau Wi-Fi	
Channel/WirelessChannel	type de canal : sans fils
Propagation/TwoRayGround	modèle de propagation radio
Phy/WirelessPhy	type d'interface du réseau
Mac/802_11	type de couche MAC
Queue/DropTail/PriQueue	type d'interface de la file d'attente
LL	link layer type
Antenna/OmniAntenna	modèle d'antenne
DSDV	protocole de routage Ad Hoc
11Mb/s	débit du réseau Wi-Fi
Wi-Fi cell coverage	50 m
Pt	=0.0134w : puissance du signal transmis de la station de base
RXThresh	= 5.25089e-10w : seuil de réception de puissance
Freq	2412e+6Hz
Paramètre du réseau UMTS	

UmtsNodeType bs	type de station de base
downlinkBW	=384kbps ; débit de la bande passante enDL
downlinkTTI	=2ms ; intervalle du temps de transmission en DL
uplinkBW	=384kbps ; débit de la bande passante en UL
uplinkTTI	=10ms ; intervalle du temps de transmission en UP

Pour mettre en pratique le scénario décrit auparavant, une simulation sur NS-2 a été réalisée. Lors de l'implémentation du scénario, nous avons eu aussi recours à un patch spécifique à la gestion de mobilité. Ce patch porte le nom de NIST mobility, il permet d'une part l'utilisation du protocole MIPv6 et d'autre part l'implémentation de la couche MIH.

4.3.3 Implémentation du MIH

Vu les limitations de NS-2 pour l'évaluation et la simulation des scénarios de handover et de mobilité, le module MIH a été introduit pour contrôler les handovers entre plusieurs technologies. Ce module contient toutes les fonctionnalités nécessaires pour simuler les scénarios de handover des couches 2 et 3 et pour supporter la mobilité hétérogène. Il intègre aussi différentes technologies de réseau (802.11, 802.16, Bluetooth, UMTS…).

Le code de la simulation est basé principalement sur les modules MIPv6 et MIH. Le module MIPv6 est utilisé pour la gestion des adresses. Le module MIH s'intéresse plutôt aux phases d'initiation et de la préparation du handover. La phase d'initiation inclut la découverte et la sélection des réseaux disponibles (avec une technologie compatible) au mobile. Quand à la préparation du handover, elle gère plutôt la couche 2 et la connectivité IP. Le module MIH est basé principalement sur la fonction « MIH Function (MIHF) ».

L'échange des informations à travers les couches a été ajouté au NS-2 en modifiant la couche MAC et en liant le MIHF aux couches MAC par l'intermédiaire du langage TCL. La fonction MIHF étend la classe Agent, définie dans NS-2 pour permettre à chaque MIHF d'envoyer et de recevoir des paquets de la couche 3. Le MIH Agent est au centre de l'implémentation. Il communique avec les couches inférieures (c.-à-d. couche MAC) et les couches plus élevées (c.-à-d. utilisateurs de MIH). Cette classe manipule la liste d'utilisateurs de MIH et les informations de leur enregistrement. Elle permet également la manipulation des communications avec des MIHFs extérieurs.

Dans l'implémentation de nos scénarios, l'exécution des handovers avec le module MIH est basée sur l'utilisation des déclencheurs Link_Up/Link_Down et Link_Going_Down. Le Link_Up permet de détecter si un nouveau lien, avec un bon niveau de signal, est prêt à l'utilisation. Suite à une dégradation dans la qualité d'un signal, le Link_Down déclenche une notification sur l'état du lien dégradé. Link_Going_Down permet de détecter un lien en cours de dégradation, ainsi, il peut déclencher aussitôt le changement de l'interface. Grâce à ces indicateurs, le handover peut être déclenché au moment convenable. Il en résulte que les délais des handovers, dus aux mouvements entre les réseaux, sont réduits d'une manière significative.

Outre le module MIH, un nœud particulier a été aussi conçu pour permettre l'utilisation du multi-homing. Cette solution, appelée MultiInterfacenode, consiste en un nœud virtuel conçu pour le contrôle des différentes technologies et interfaces. Les fonctionnalités de découverte de réseaux et de changement d'adresses sont aussi possibles grâce à l'utilisation du module ND (Node Discovery). La conception de ce module permet à la couche 3 de détecter les mouvements, son rôle principal est la création d'une adresse IP suite à un changement de réseau.

4.3.4 Résultats obtenus

Au cours de cette simulation, certains paramètres sont maintenus constants, exemple : puissances, couvertures des antennes, fréquence, etc. La vitesse du mobile a été ajustée pour pouvoir visualiser deux moments du handover. Les données ont été envoyées avec un débit de type CBR (Constant Bit Rate) et l'intervalle de temps entre deux paquets envoyés est fixé à 200 ms.

4.3.4.1 Taux de perte

Dans cette partie, dédiée à l'étude des performances du système simulé, nous commençons par analyser l'effet des handovers sur le nombre de paquets perdus. Le paramètre que nous avons manipulé est le taux de perte des paquets. Ce paramètre permet de déterminer le nombre total des paquets perdus durant la période de la simulation. Ce taux a été défini comme étant le nombre de paquets perdus à l'instant *t* divisé par le nombre total des paquets émis. La figure 13 montre la variation de ce taux en fonction du temps :

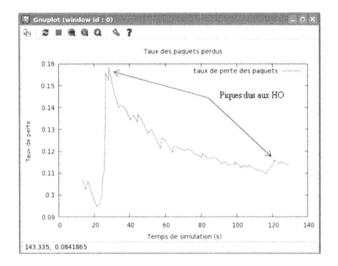

Figure 13 : Variation du taux des paquets perdus

D'après cette figure nous déduisons que pour une faible mobilité, les performances du handover sont satisfaisantes. En effet, pour une vitesse de 1 m/s, le taux des paquets perdus est inférieur à 16%.

Nous constatons aussi deux pics qui correspondent aux taux de paquets perdus durant les deux moments de handover. Le premier pic est lié au handover du au mouvement de l'UMTS vers le Wi-Fi, i.e. à *t* = 26.44s, nous avons un taux de perte de 0.15. Le taux de perte lors du deuxième handover (du Wi-Fi vers l'UMTS) est de 0.11 à *t* = 120.25s. Nous constatons que le premier pic est plus important. Le nombre des paquets détruits augmente avec l'exécution du handover, de plus, si nous examinons les fichiers traces générés, nous trouvons que la destruction des paquets est due au temps d'établissement d'une nouvelle connexion.

En effet, la procédure de handover nécessite une procédure d'établissement de connexion entre l'interface Wi-Fi du mobile et le point d'accès. Ainsi, le taux de paquets perdus est plus important durant cette phase. Le deuxième pic est relativement faible par rapport au premier. Le mobile est déjà connecté à l'UMTS, par conséquent il va basculer le trafic sur cette interface dès qu'il détecte une dégradation dans la qualité du lien Wi-Fi.

Raison pour laquelle, le taux de perte durant le deuxième moment du handover s'approche beaucoup des autres valeurs.

La variation du taux des paquets perdus est relativement faible avant et après l'exécution du handover pour les deux réseaux.

4.3.4.2 Délais

Les principaux paramètres étudiés au long de cette simulation sont les délais vus leurs impacts importants sur les performances du système. Deux types de délais ont été traités, i.e. les délais de transmission et les délais de handover. Nous entamons ce paragraphe par l'étude du premier type. Les délais de transmission sont les délais de bout en bout pour l'acheminement des paquets. Pour mieux les expliquer, des courbes ont été tracées. Les figures 14 et 15 illustrent les délais des paquets transmis sur chaque réseau. Deux moments de handover sont détectés (UMTS --> Wi-Fi et Wi-Fi --> UMTS).

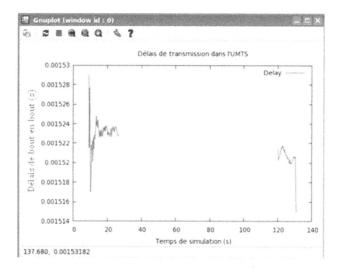

Figure 14 : Délais de bout en bout sur l'UMTS

La coupure intermédiaire qui apparait dans la première courbe est expliquée par le fait que durant cette période les paquets sont plutôt transmis sur le Wi-Fi. Cette partie manquante est illustrée dans la figure 15.

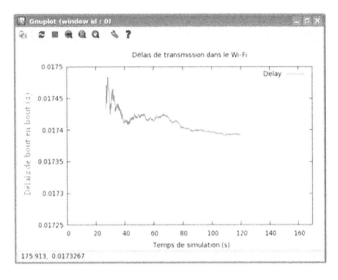

Figure 15 : Délais de bout en bout sur le Wi-Fi

D'après cette courbe, nous constatons que le délai moyen de transmission des paquets augmente avec l'exécution du premier handover. Cette augmentation du délai implique que la procédure d'établissement du lien radio n'est pas encore finalisée.

Outre les délais de transmission, les délais des handovers ont été aussi étudiés. Ces paramètres sont les mesures les plus importantes pour le handover. D'autres métriques peuvent être affectées par ces délais, ex : le taux de perte des paquets et le débit de bout en bout. Le délai du handover est défini comme étant le temps entre deux moments donnés : le premier se manifeste quand le mobile entre dans un nouveau réseau et l'adresse IP courante devient inaccessible ou non appropriée pour la transmission de données, le second est le moment de mutation de l'ancienne adresse IP vers l'adresse nouvellement obtenue.

Plus particulièrement, nous avons considéré dans ce travail le délai de handover comme étant :

> ➤ La période de temps entre l'instant de réception du dernier paquet envoyé sur l'UMTS et l'instant de réception du premier paquet envoyé sur le Wi-Fi, pour le cas du handover UMTS --> Wi-Fi

> La période de temps entre l'instant de réception du dernier paquet envoyé sur le Wi-Fi et l'instant de réception du premier paquet envoyé sur l'UMTS pour le deuxième cas du handover, i.e. Wi-Fi --> UMTS

Selon les figures des scénarios décrites auparavant, le premier cas du handover (UMTS --> Wi-Fi) est basé sur deux procédures : mise-à-jour d'attachement auprès du nœud correspondant et découverte du routeur (procédure établie entre le mobile et le point d'accès). Par contre, le deuxième cas de figure est basé uniquement sur la procédure de mise-à-jour d'attachement, établie entre le mobile et le nœud correspondant via le réseau UMTS. Pour mieux expliquer ces principes, une étude analytique est présentée dans le paragraphe suivant.

4.3.4.2.1 Etude analytique

Cette étude est basée sur les paramètres décrits dans le tableau suivant :

Paramètre	Définition
Δ	Délai de détection du handover par le nœud mobile
ϕ	Délai de configuration de la CoA (Care of Address)
Ω	Délai de mise-à-jour d'attachement = Délai d'enregistrement au niveau de l'agent Home et du nœud correspondant
T_{BU-HA}	Délai de la procédure de mise-à-jour d'attachement au niveau de l'agent Home
T_{RR}	Délai de la procédure RR (Return Routability procedure = Procédure de test du Routage Retour)
T_{BU-CN}	Délai de mise-à-jour d'attachement au niveau du nœud correspondant
$t_{CoA\ configuration}$	L'instant de configuration de la Care-of-Address
t_{RA}	L'instant d'envoi d'un Router Advertisement par le routeur

$t_{\text{new link up}}$	L'instant de détection d'un nouveau lien

Le délai du handover, introduit par le protocole MIPv6, est donné par l'équation 1 :

➤   Délai(MIPv6)= $\Delta + \phi + \Omega$ (1)

Pour le handover de l'UMTS vers le Wi-Fi, le délai de handover est constitué de deux parties. La première partie est le temps nécessaire pour effectuer la découverte d'un nouveau routeur (le point d'accès Wi-Fi dans notre scénario), l'autre partie est le RTT (Round Trip Time) des paquets de mise-à-jour d'attachement échangés entre le mobile et son nœud correspondant. Théoriquement, le temps de découverte du point d'accès peut être négligé grâce au multi-homing. En effet, MIPv6 utilise la carte Wi-Fi pour établir cette procédure et la transmission de données continue sur l'interface UMTS. Ainsi, l'impact du RTT sur le délai de handover est faible.

Pour le deuxième cas du handover (du Wi-Fi vers l'UMTS), le délai introduit dans le réseau est dû principalement au RTT des paquets BU. Pour ces raisons, le handover avec MIPv6 est considéré comme «seamless». Ainsi, la formule fournie ci-dessus devient :

➤   Délai(MIPv6) $\approx \Omega$ (2)

$$\textbf{Avec } \Omega = T_{BU} = T_{BU-HA} + T_{RR} + T_{BU-CN} \qquad (3)$$

$$\text{➤ } T_{BU-HA} = 2 \text{ paquets} \begin{cases} BU_{HA} - \text{request} \\ BU_{HA} - \text{response} \end{cases} \qquad (4)$$

$$\text{➤ } T_{RR} = 4 \text{ paquets} \begin{cases} HoTI - HoT \\ CoTI - CoT \end{cases} \qquad (5)$$

$$\text{➤ } T_{BU-CN} = 2 \text{ paquets} \begin{cases} BU_{CN} - \text{request} \\ BU_{CN} - \text{response} \end{cases} \qquad (6)$$

Cette partie vise principalement à analyser analytiquement les délais des handover. Dans la suite, nous procéderons à étudier l'impact de la vitesse du mobile et des indicateurs implémentés par la MIH sur les types du délai étudiés.

4.3.4.2.2 Impact des indicateurs MIH

Les facteurs Link_Down, Link_Up et Link_Going_Down ont un effet significatif sur les performances du réseau. Cet effet fait l'objet de cette partie. Le link_Up permet de détecter tout nouveau signal avec une qualité plus intéressante. Cet indicateur est utilisé dans la simulation lors du mouvement du mobile vers le réseau Wi-Fi. En contre partie, le Link_Down permet plutôt de référencer un lien défaillant. L'indicateur Link_Going_Down est un indicateur très efficace. Il permet d'augmenter la sensitivité de détection d'un lien en dégradation. D'une part, il est important de détecter au plutôt la défaillance du lien afin d'éviter la coupure de la connexion. D'autre part, il faut retarder cette détection le plus possible pour éviter les handovers non nécessaires (les mouvements ping-pong).

Afin de mettre en valeur l'intérêt qu'apporte l'utilisation de ces indicateurs, nous avons tracé la variation des délais des deux moments du handover en fonction du Link_Down et du Link_Going_Down comme illustrée dans la figure 16.

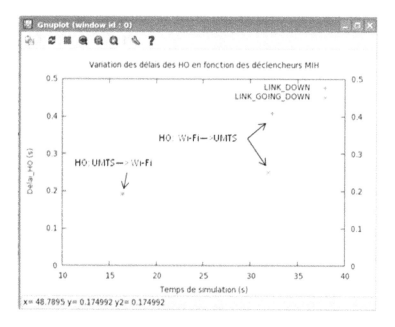

Figure 16 : Impact des indicateurs MIH sur les délais des handovers

Pour le premier handover, nous avons la même valeur du délai (deux points confondus), l'indicateur n'a aucun effet sur le résultat. Ceci est tout à fait normal vu qu'il n'y a pas une dégradation dans la qualité du lien UMTS (c'est un lien permanent). Par ailleurs, nous constatons deux valeurs de délai pour le deuxième moment du handover. En effet, grâce à l'utilisation de l'indicateur Link_Going_Down, le délai a été réduit par rapport à l'indicateur

Link_Down. Ceci est du au fait que la dégradation de la qualité du lien Wi-Fi a été détectée plutôt. Ainsi, l'exécution du handover a eu lieu au moment convenable. Il en résulte alors la diminution du nombre des paquets perdus. Le scénario a été aussi simulé sans l'utilisation d'indicateurs, aucun handover n'a été détecté, tout le trafic a été envoyé sur l'UMTS même lors du passage par la couverture du Wi-Fi. Ceci traduit l'incapacité du mobile de détecter la présence d'autres liens en cas d'absence des indicateurs.

4.4 Conclusion

Le chapitre 4 est principalement dédié à la partie simulation. L'architecture utilisée dans le scénario a été présentée d'une manière simplifiée afin de pouvoir étudier convenablement les paramètres de performances choisis, i.e. les délais du handover, ainsi que les impacts des indicateurs MIH sur ces délais. Cette architecture est basée sur l'utilisation d'un nœud mobile multi-homé qui communique avec un autre nœud fixe via deux technologies d'accès (UMTS et Wi-Fi). L'objectif de cette simulation est d'évaluer les performances du MIPv6 principalement lors de l'exécution d'un handover vertical. Deux moments de handover ont été détectés. Les délais, obtenus pour ces deux situations, sont de l'ordre des millisecondes grâce à l'utilisation MIPv6. Nous avons constaté aussi que la variation de la vitesse du mobile n'a pas un vrai impact sur ces délais. Par contre les indicateurs MIH ont un effet considérable sur les valeurs des délais des handovers. L'idée de base derrière l'introduction de la couche MIH est l'utilisation des informations de contexte fournies' par les autres couches. Ce travail ne se limite pas à l'utilisation du MIH mais il s'étend aussi à la définition d'une infrastructure entière et dédiée à la gestion de contexte. Cette infrastructure fait l'objet du chapitre suivant.

Chapitre 5 : Architecture proposée pour la gestion de contexte

5.1 Introduction

Ce travail s'attarde principalement sur les opérations et les fonctionnalités de gestion de mobilité ayant pour objectif des handovers «seamless» dans des environnements hétérogènes. Pour cela, nous nous sommes intéressés dans le chapitre précédent à l'étude du protocole MIPv6 via la réalisation d'une simulation. Cependant, ce protocole n'est pas apte à récupérer et à fournir les informations nécessaires à la gestion du handover. Les informations de contexte permettent d'améliorer les performances du système, ainsi elles sont importantes à l'exécution du handover et afin de pouvoir les exploiter, nous proposons dans ce chapitre une architecture pour la gestion de contexte. La première partie décrit cette solution proposée et les différents composants qui la constituent. La modélisation du contexte est effectuée via la définition d'une ontologie. C'est pourquoi la présentation de cette ontologie fera l'objet de la deuxième partie.

5.2 Architecture proposée

Le processus du handover est une problématique assez critique et elle n'est pas facile à gérer. A travers ce travail nous visons à fournir une solution générique qui garantit des handovers «seamless» entre différentes technologies. Par ailleurs, ce processus a besoin de certaines informations fournies par les différentes entités présentes dans le réseau. Afin de pouvoir les exploiter, ces informations doivent être traitées et manipulées par des composants spécifiques. Ces éléments constituent le noyau de l'architecture proposée. Une représentation simplifiée de cette plateforme est illustrée dans la figure 17. Dans l'approche adoptée, trois composants ont été définis. Ces différents Composants sont censés interagir, créer, distribuer et utiliser les informations de contexte. Les paragraphes suivants étudient les principes de fonctionnement de ces entités et expliquent leurs modes opératoires.

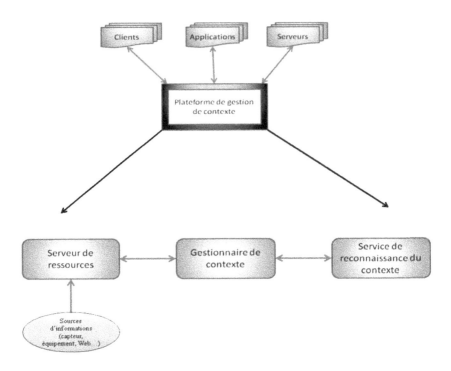

Figure 17 : Architecture proposée

5.2.1 Gestionnaire de contexte

Cet élément est un serveur central de contexte qui fournit toutes les informations nécessaires que le client demande via une API générique. Cette API permet une intégration et une extension dynamiques des modèles sans avoir besoin de changer le code. Les requêtes de demande d'informations issues des clients peuvent être traitées d'une manière symétrique (à la demande) ou asymétrique (suite à un enregistrement auprès du serveur de contexte pour recevoir des notifications ou suite à une publication faite par le serveur). Le gestionnaire de contexte joue le rôle d'une base de données, il stocke toutes les données qu'il reçoit de toute source d'informations disponible.

Outre la récupération des données, ce serveur doit être capable de chercher et de récupérer les informations demandées par les clients. Pour cela, le gestionnaire de contexte doit être apte :

> ➢ A parcourir les données dont il dispose.

➤ A sélectionner celles demandées.

Ce serveur constitue le noyau central de l'architecture proposée. Néanmoins, il a besoin de la collaboration d'autres composants. La section suivante présente le deuxième élément principal de cette architecture.

5.2.2 Serveur de ressources

Ce serveur se connecte à toute source d'informations et collecte toute sorte de données. Il procède après à l'envoi de ces informations au gestionnaire de contexte qui se charge de leurs traitements. Ce serveur doit récupérer les données fournies à l'état brut (ex : par des capteurs) avant de les envoyer au gestionnaire de contexte.

Le processus global de récupération des données est basé sur les concepts suivants : lecture des capteurs, récupération des données brutes et traitements de ces données pour qu'elles soient compréhensibles par les applications et les utilisateurs. La conception du serveur de ressources est développée suivant les principes suivants :

➤ Acquisition du contexte : collecte et assemblage des informations de contexte des diverses sources, i.e. les capteurs physiques, les profils utilisateurs, les sessions de communications et les applications.

➤ Approvisionnement du contexte : consiste à délivrer, stocker, enregistrer et transformer les données de contexte pour les rendre compréhensibles par le gestionnaire de contexte.

Afin d'améliorer les performances, ce composant doit être capable d'exploiter et de découvrir les sources d'informations d'une manière dynamique. La récupération et la transformation des données sont nécessaires à la gestion de contexte mais les applications ont besoin d'échanger certaines données pour améliorer leurs fonctionnements. Cet échange fait l'objet de la partie suivante.

5.2.3 Services de reconnaissance du contexte

Les services de reconnaissance du contexte permettent aux applications de partager entre elles le contexte reconnu par les couches hautes. Les données converties par ces services sont définies par l'ontologie de contexte. Cette ontologie est décrite plus en détails dans le deuxième grand volet de ce chapitre.

La conception de la plateforme de gestion de contexte développée dans ce travail a été menée en fonction des contraintes suivantes :

- ➤ Adoption d'un modèle de contexte flexible et générique qui peut être dynamiquement déployé dans l'architecture développée.
- ➤ Amélioration des performances pour :
  - permettre des accès plus rapides et des distributions d'informations de contexte plus efficaces
  - et pour éviter l'utilisation intensive des réseaux et des mémoires dans les équipements à ressources limitées.
- ➤ Interopérabilité : cette plateforme est censée opérer avec différentes technologies. Par conséquent, elle doit être capable de gérer l'hétérogénéité de l'environnement mobile.

Cette plateforme vise principalement à traiter et à exploiter les informations de contexte utiles à la gestion de mobilité. Dans l'environnement des réseaux mobiles hétérogènes, plusieurs événements peuvent déclencher le processus de handover. Dans le paragraphe suivant nous présentons la manière dont nous procédons pour gérer ces événements.

5.2.4 Module de décision

Afin de maintenir et d'optimiser la connectivité des mobiles en cas de handover, l'implémentation de certaines fonctionnalités de mobilité est nécessaire. Ces fonctionnalités doivent agir en fonction des indicateurs et des déclencheurs issus des différentes entités dans le réseau. En effet, ces actions présentent en réalité le processus de prise de décision. Vu l'importance qu'apporte ce mécanisme, un module qui intègre des fonctionnalités de mobilité a été ajouté à la composition de la plateforme proposée. Ce nouveau composant porte le nom de « module de décision ». Deux approches possibles pour l'intégration de ce module ont été proposées :

5.2.4.1 Première approche

Cette approche consiste à l'implémentation de ce module dans le gestionnaire de contexte. Ce dernier dispose de toutes les informations collectées du réseau, parmi lesquelles, il y a certaines données qui sont indispensables à la gestion de mobilité. Cette méthode est plus simple à implémenter. En effet, le transfert de données est local, nous n'avons pas besoin d'ajouter une interface externe pour établir la connexion entre les deux composants. Néanmoins, cette approche nécessite l'implémentation d'une intelligence au niveau du gestionnaire de contexte. La conception du gestionnaire de contexte est devenue ainsi plus compliquée. La consommation des ressources (mémoire, énergie, etc.) et le temps de calcul sont aussi par conséquent plus importants.

5.2.4.2 Deuxième approche

Dans cette approche, le module de décision est intégré comme étant un composant à part entière. Selon cette approche, le module de décision est complètement indépendant du gestionnaire de contexte. Similairement à la première approche, ce module doit être doté d'une intelligence qui lui permet de récupérer toutes les données nécessaires à la gestion de mobilité. Pour cela, il doit procéder à une demande d'informations auprès du serveur. Par conséquent, il est nécessaire d'implémenter un protocole d'échange entre ces deux composants. Cependant, ceci peut introduire des overheads supplémentaires dans le réseau. Et les délais dans les sessions peuvent induire de fausses décisions ou retarder la prise de ces décisions.

Après avoir discuté les différents principes de chaque approche, nous devons choisir celle qui répond le plus aux besoins du projet. La première approche (illustrée dans la figure 18) a été élue vu l'intérêt qu'elle apporte. L'intégration du gestionnaire de contexte et du module de décision dans un seul composant est plus avantageuse. En effet, cette intégration permet d'éviter l'ajout d'un élément supplémentaire dans le réseau ainsi que l'implémentation d'une interface pour les échanges inter-composants. Partons du principe que toutes les informations sont à la disposition du module de décision, le traitement et la consultation des données se font d'une manière locale. Ainsi, la prise des décisions convenables est garantie.

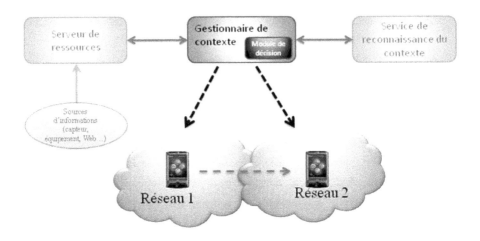

Figure 18 : Intégration du module de décision

En outre, cette approche présente un autre avantage majeur. L'utilisation d'un seul module pour la décision permet d'éviter le conflit qui peut apparaitre entre les décisions générées par plusieurs intervenants. Le module de décision peut attribuer ainsi des niveaux de priorités aux décisions générées. Cependant, ces décisions sont conditionnées par les informations se trouvant dans la base du serveur. Pour pouvoir envoyer et recevoir les requêtes contenant le contexte de mobilité, nous avons besoin de définir les niveaux de services entre les deux entités. Ces niveaux ont pour objectif principal de spécifier clairement les conditions d'échange des informations nécessaires pour le processus de décision.

Outre la récupération des données, le module doit envoyer les requêtes de décision au mobile concerné. Le mode de fonctionnement de ce module est principalement basé sur un ensemble de règles. En effet, ces règles sont l'output d'un mécanisme de décision. Nous proposons d'utiliser dans ce projet le système expert. Ce système est généralement composé des trois entités suivantes (illustrées dans la figure 19) :

1. Base de connaissance : c'est un ensemble de règles, de procédures et de données intrinsèques relatives au domaine du problème étudié. Elle est le noyau du système expert. En effet, elle contient tous les objectifs visés et les stratégies adoptées pour la résolution des problèmes. Cette base est généralement structurée sous forme de règles SI-ALORS.

2. <u>Mémoire fonctionnelle</u> : ce sont des données spécifiques à une tâche précise liée au problème considéré. La mémoire fonctionnelle présente une structuration des données relatives à un problème donné.

3. <u>Moteur d'inférence</u> : c'est un mécanisme de contrôle générique qui applique la connaissance axiomatique (se trouvant dans la base de connaissance) aux données de la mémoire fonctionnelle. Ce moteur utilise un processus rigoureux pour l'exploration de l'espace et la recherche des solutions.

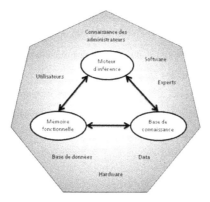

Figure 19 : Organisation des systèmes expert

Le noyau du mécanisme de décision est le moteur d'inférence. Ce moteur prend comme entrées (inputs) les informations fournies par le gestionnaire de contexte. Afin de faciliter leurs accès et leurs exploitations, ces informations doivent être modélisées. La méthode de modélisation adoptée dans ce travail est basée sur l'ontologie. Plus de détails sur cet aspect sont fournies dans le paragraphe suivant.

5.3 Modèle adopté

Notre modèle d'informations de contexte est basé sur une ontologie de contexte physique. Cette ontologie décrit les objets et les relations présents dans l'environnement étudié. Ces objets sont manipulés en tant que concepts. Chaque concept est défini d'une part par un ensemble d'attributs, de contraintes ou de restrictions qui lui sont liés et d'autre part par ses relations avec les autres concepts.

Par exemple, le concept « niveau de batterie » a un attribut numérique « valeur » qui doit être supérieur à x% (c'est une contrainte), ce concept partage la relation « caractérise » avec le concept « terminal ». L'ontologie de contexte est considérée comme un modèle abstrait. Ainsi, les informations de contexte sont présentées comme étant des instances de cette ontologie.

Les composants des réseaux manipulés sont classés par types. Les types primaires sont modélisés dans le premier niveau de l'infrastructure. Ces types incluent les concepts (ou classes) de bas niveau. Les concepts de plus haut niveau et les relations qui existent dans l'ontologie vont être intégrés dans le niveau hiérarchique suivant. Une telle approche, qui se base sur les principes de composition et de fusion des modèles préliminaires convient bien au processus de la construction des ontologies. En se basant sur ces principes, nous avons développé une ontologie basée sur des concepts omniprésents dans l'environnement des réseaux mobiles comme illustré dans la figure 20. Le développement de cette ontologie fait appel au certains principes du projet SPICE (Service Platform for Innovative Communication Environment). SPICE est un projet consacré à l'étude des ontologies de mobilité [33].

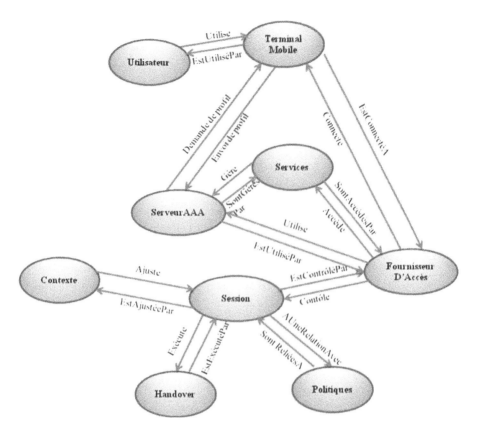

Figure 20 : Ontologie développée

> ➢ Utilisateur : dans cette classe, nous trouvons le profil utilisateur (nom, adresse, âge…) ainsi que les informations nécessaires à l'authentification.

> ➢ Terminal Mobile : définit la manière dont l'utilisateur accède au réseau. Certains paramètres comme la taille de l'écran, l'adaptateur réseau et la bande passante sont importants pour garantir de bonnes performances.

> ➢ Services : cette classe fournit des informations à propos des services qui sont à la disposition des utilisateurs. Parmi ces services, citons la messagerie instantanée, la vidéo, les jeux, etc.

> ➢ Serveur AAA : c'est l'entité responsable à gérer le domaine d'activité y compris la facturation des services, l'authentification, l'autorisation des accès, etc. Ces principes sont définis dans l'ontologie en tant que sous-classes.

> ➢ Fournisseur d'accès : c'est une classe avec une multiplicité de sous-classes, chacune d'entre elle se charge de définir une manière pour accéder aux services. Ces accès peuvent être via les réseaux filaires traditionnels, les réseaux cellulaires, les réseaux maillés ou via les hots spots. Cette classe peut être instanciée à nulle dans le cas où les deux mobiles communiquent directement via des réseaux Ad hoc ou WPAN.

> ➢ Session : cette classe sauvegarde les informations concernant la période de temps pour laquelle l'utilisateur est connecté à un fournisseur d'accès. Des politiques de QoS, des informations de contexte et de handover vont être utilisées pour adapter le service au réseau utilisé.

> ➢ Contexte : il est constitué par les informations liées à l'utilisateur, à l'environnement et au réseau. Ces informations sont collectées auprès des systèmes de localisation, des capteurs, des services et des équipements mobiles. Ce contexte peut être utilisé par la session pour établir un niveau de QoS demandé par l'utilisateur.

> ➢ Handover : cette classe contient des informations sur les handovers qui peuvent se manifester dans une session.

Chacun de ces éléments peut être décrit par une variété d'attributs qui sont classés en quartes catégories :

> ➢ Identité : chaque entité a un identifiant unique.
> ➢ Emplacement : la position de l'entité, un co-emplacement, une proximité…
> ➢ Etat : ou activité : la propriété intrinsèque d'une entité, ex : température ou éclairage d'une chambre, les processus en cours d'exécution dans un terminal.
> ➢ Temps : utilisé pour marquer précisément un état, un ordre d'événements…

Après la définition des différentes classes, nous avons procédé à l'implémentation de l'ontologie développée. Les différentes classes et sous-classes ont été définies avec le langage OWL (c'est un langage crée principalement pour le web sémantique).

L'utilisation des ontologies a plusieurs avantages. En effet, elle permet de créer un vocabulaire sémantique commun entre les différentes entités concernées. Ce vocabulaire est très important pour l'interopérabilité des ces composants. Grâce à l'utilisation d'une description sémantique, la recherche des services auprès des fournisseurs d'accès et la comparaison de la qualité de ces services sont devenues plus faciles à réaliser. En outre, le système permet aussi aux concepteurs de services d'explorer les informations contextuelles.

5.4 Etude de cas

Dans ce paragraphe, nous montrons l'utilité d'utiliser des ontologies dans la prise de décision de handover. Les informations de contexte, modélisées par l'ontologie développée ci-dessus, sont très efficaces pour l'exécution du handover. La contribution de ces informations se manifeste principalement dans le choix du cadre spatial et temporel lié au déclenchement du handover.

Afin de pouvoir bien exploiter les informations de contexte présentes dans le réseau, nous considérons dans cette partie une instanciation de l'ontologie développée ci-dessus. Cette ontologie décrit le contexte fourni par le scenario exposé dans ce qui suit. Notre étude de cas est basée sur un scénario de handover vertical (entre un point d'accès Wi-Fi et une station de base UMTS) et sur un scénario de handover horizontal (entre deux points d'accès Wi-Fi) comme illustré dans la figure 21.

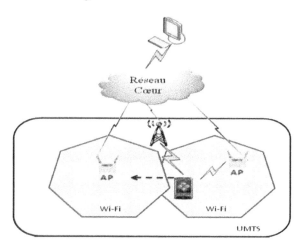

Figure 21 : Scénario de l'étude de cas

Le choix entre ces différentes technologies est effectué via l'utilisation d'un système expert flou. Ce système est un outil mathématique qui permet de gérer l'incertitude des informations contextuelles. En effet, il est caractérisé par son aptitude à analyser les données imprécises qui peuvent largement contribuer dans le processus de prise de décision. Ce processus peut être décrit par les trois phases suivantes [27] :

- Phase de présélection : le système expert se base sur des critères récupérés auprès de l'utilisateur, l'application ou le réseau pour éliminer les réseaux non adéquats. Dans le cas échéant, le système envoie une requête pour la réduction des critères.
- Phase de découverte : cette phase décrit l'inférence réalisée au niveau du système expert, plus précisément au niveau du moteur d'inférence. Au cours de cette phase les valeurs finies sont remplacées par des valeurs floues.
- Phase de prise de décision : lors de cette phase, tous les résultats sont combinés pour fournir une seule décision pour le handover.

L'inférence est connue comme étant le processus qui permet d'arriver à des résultats en partant d'un ensemble de fait et de règles. Le moteur d'inférence utilisé dans le système expert est composé d'un ensemble de règles de type SI-ALORS, ces règles ont pour entrées des valeurs floues affectées aux paramètres utilisés pour la décision. Les valeurs floues sont la base de l'inférence.

En revanche, nous considérons dans notre étude de cas un algorithme de décision de handover multicritères. Ces handovers correspondent aux changements de réseaux effectués par un nœud mobile. Ce mobile est un terminal qui possède certaines caractéristiques. Pour les décrire, nous utilisons une instanciation de certaines classes de l'ontologie proposée. Nous affectons alors les attributs suivants à la classe *TerminalMobile* :

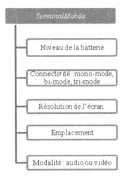

Figure 22 : Classe *TerminalMobile*

Par ailleurs, vu nous avons eu recourt à des situations de handover, la classe *Handover* doit être aussi considérée. Les attributs associés à cette classe et leurs variables correspondantes sont :

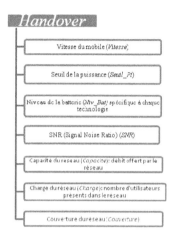

Figure 23 : Classe *Handover*

Dans notre scénario, le mobile considéré est bi-mode. Il est initialement rattaché au réseau UMTS. Ce mobile est entrain d'utiliser le service de visioconférence. En s'approchant du premier réseau Wi-Fi, le mobile détecte un signal de niveau plus important. Raison pour laquelle, il sollicite le gestionnaire de contexte pour consulter l'ontologie et trouver la solution optimale au handover en cours.

En parcourant l'ontologie, le gestionnaire de contexte utilise les valeurs des attributs obtenues auprès du mobile comme entrées du système expert. Ces valeurs sont ensuite converties en des valeurs floues au niveau du moteur d'inférence. Les valeurs floues définies sont : {**Mauvais, faible, moyen, bon, élevé**}. A chacune de ces valeurs floues est attribuée une valeur critère comme le montre le tableau suivant :

Valeurs floue	Valeur Critère
mauvais	0
Faible	1
moyen	2
bon	3
élevé	4

Dans cette étude de cas, nous nous limitons à l'utilisation des attributs suivants : {*Niv_Bat, Capacité, Charge, SNR*}, ces attributs sont équitablement pondérés comme indiqué dans le tableau suivant :

Attribut	Pondération
Niv_Bat	1/4
Capacité	1/4
Charge	1/4
SNR	1/4

Ces différents critères sont par la suite convertis en des valeurs floues, nous présentons dans ce qui suit les courbes gaussiennes de ces critères dans un environnement Wi-Fi (à titre d'exemple):

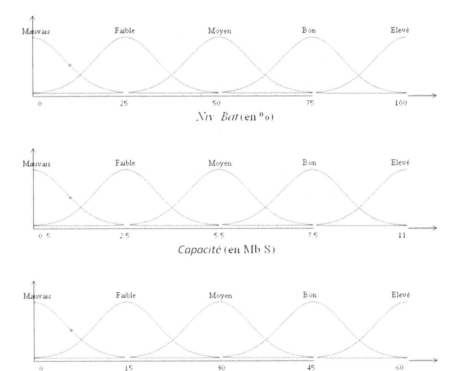

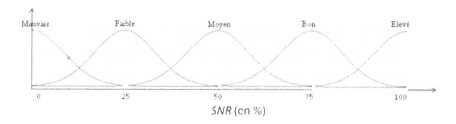

$$SNR\ (\text{en } \%)$$

La formule utilisée pour le calcul de la décision est la suivante :

$$Output = \sum Pondération \times ValeurCritère$$

Les valeurs possibles de l'output sont {min=0, seuil1=1, moy=2, seuil2=3, max=4}. Les décisions de handover dépendent de ces valeurs comme illustrées dans le tableau suivant :

Output	Décision
$0 \leq Output < seuil1$	No_Ho
$seuil1 \leq Output < moy$	Prob_No_Ho
$moy \leq Output < seuil2$	Prob_Yes_Ho
$seuil2 \leq Output < max$	Yes_Ho

Les résultantes de **certaines** règles de décision appliquées au niveau du moteur d'inférence sont les suivantes :

1. Si (*Niv_Bat* est bon) et (*Charge* est faible) et (*Capacité* est bonne) et (*SNR* est élevé) Alors Yes_Ho

2. Si (*Niv_Bat* est bon) et (*Charge* est élevée) et (*Capacité* est bonne) et (*SNR* est élevé) Alors No_Ho

3. Si *Niv_Bat* est mauvais) et (*Charge* est faible) et (*Capacité* est bonne) et (*SNR* est élevé) Alors No_Ho

4. Si (*Niv_Bat* est bon) et (*Charge* est faible) et (*Capacité* est bonne) et (*SNR* est faible) Alors No_Ho

5. Si (*Niv_Bat* est bon) et (*Charge* est faible) et (*Capacité* est mauvaise) et (*SNR* est élevé) Alors No_Ho

6. Si (*Niv_Bat* est bon) et (*Charge* est moyenne) et (*Capacité* est moyenne) et (*SNR* est faible) Alors No_HO

7. Si (*Niv_Bat* est bon) et (*Charge* est moyenne) et (*Capacité* est moyenne) et (*SNR* est élevé) Alors Prob_Yes_Ho

8. Si (*Niv_Bat* est moyen) et (*Charge* est faible) et (*Capacité* est bonne) et (*SNR* est moyen) Alors Prob_Yes_Ho

9. Si (*Niv_Bat* est moyen) et (*Charge* est élevée) et (*Capacité* est bonne) et (*SNR* est moyen) Alors Prob_No_Ho

10. Si (*Niv_Bat* est moyen) et (*Charge* est moyenne) et (*Capacité* est moyenne) et (*SNR* est moyen) Alors Prob_Yes_Ho

Dans notre exemple, nous considérons que le mobile possède un niveau de batterie qui lui permet de basculer sur le Wi-Fi (*Niv_Bat* est bon), la charge et la capacité de ce réseau cible permettent aussi de garantir une bonne qualité de service pour la visioconférence (*Charge* est faible et *Capacité* est bonne). La vitesse du mobile est assez faible, ainsi l'exploitation de la connectivité Wi-Fi est possible. Pour ce cas de handover, c'est la première règle qui est appliquée. Le mobile peut ainsi lancer l'exécution du handover.

Pour chacune des règles, le résultat obtenu correspond à la décision prise par le système expert. A la réception de la réponse correspondante à notre cas, le mobile peut lancer l'établissement de la connexion avec le point d'accès Wi-Fi. Le transfert de données se fait désormais sur ce nouveau réseau jusqu'à ce que le mobile détecte une dégradation dans la qualité de signal. Il scrute alors les réseaux disponibles. Il constate la présence d'un autre point d'accès dans son voisinage. Il relance de nouveau le gestionnaire de contexte pour ce cas de handover inter-points d'accès Wi-Fi (figure 23). Rappelons que le mobile est bi-mode et il dispose déjà d'une connectivité UMTS. Les règles de décision sont de nouveau appliquées sur les réseaux Wi-Fi et UMTS en utilisant les nouvelles valeurs. Cependant, nous considérons cette fois ci que la batterie du mobile a atteint un niveau inférieur au seuil.

Par ailleurs, nous admettons que le gestionnaire de contexte n'a aucune visibilité sur la durée restante de la visioconférence, la décision prise est donnée alors des règles suivantes :

- Si (*Niv_Bat* est mauvais) et (*Charge* est faible) et (*Capacité* est bonne) et (*SNR* est élevé) Alors No_Ho (pour le handover inter Wi-Fi)
- Si (*Niv_Bat* est bon) et (*Couverture* est bonne) et (*Capacité* est bonne) et (*SNR* est élevé) Alors Yes_Ho (pour le handover du Wi-Fi vers l'UMTS)

L'inférence réalisée au niveau du système expert implique l'exécution du handover du Wi-Fi vers l'UMTS. La meilleure QoS est ainsi garantie pour le service utilisé.

A travers cette étude de cas, nous avons essayé de montrer l'utilité d'utiliser des ontologies pour modéliser le contexte de mobilité. L'inférence de ce contexte garantit des décisions plus efficaces et optimisées. En revanche, une étude plus approfondie sur des mesures réelles doit être réalisée, cette étude permettra de définir des intervalles de variations précis pour chaque critère utilisé dans la prise de décision.

5.5 Conclusion

Ce chapitre est dédié principalement au concept de gestion de contexte. Ce concept attire de plus en plus l'attention des chercheurs vu l'intérêt qu'apporte l'utilisation de contexte dans un environnement de réseaux mobiles hétérogènes. Par ailleurs, le recours à l'utilisation du contexte pour la gestion de mobilité doit être met en relief. Raison pour laquelle, nous avons essayé dans ce projet d'étudier cette problématique via la proposition d'une plateforme de gestion de contexte. Cette plateforme, composée d'un gestionnaire de contexte, un serveur de ressources et des services de reconnaissances de services, intègre aussi un module de décision s'intéressant principalement à la gestion des handovers. La modélisation des informations de contexte liées à la mobilité a été réalisée en se basant sur une ontologie. La dernière partie de ce chapitre propose une étude de cas qui utilise certaines données fournies par cette ontologie comme entrées d'un système expert. En se basant sur une inférence d'un ensemble de règles floues, ce système fournit ensuite les décisions adéquates pour le handover.

Conclusion Générale

Le travail élaboré ici a consisté à étudier l'architecture des handovers verticaux qui peuvent survenir lors du changement de réseaux, depuis l'UMTS vers le Wi-Fi et vis-versa. Une étude a été menée sur certains protocoles de mobilité (tel que MIPv6) en fonction des critères de déploiement et de services supportés. Les mécanismes de handover pour chaque technologie ont été aussi abordés. Le principe de prise de décision a été aussi évoqué. Ce principe vise à garantir la continuité de services lors de l'exécution des handovers.

Consécutivement à l'analyse de ces aspects protocolaires et architecturaux, une étude pratique a été proposée pour pouvoir simuler un scénario basé sur MIPv6 et supportant l'envoi d'un trafic vidéo à travers une station de base UMTS et un point d'accès 802.11. Cependant, ce protocole de mobilité ne permet pas la gestion des décisions du handover. Raison pour laquelle, l'importance d'une entité de décision pour effectuer le transfert de connexion a été mise en place. Cette entité est le module MIH implémenté dans NS-2. Ce module permet de déclencher l'exécution des handovers grâce à l'utilisation des indicateurs spécifiques.

Par ailleurs, lors de l'étape de simulation du scénario de handover vertical, nous avons souligné les problématiques liées au temps de basculement entre les réseaux UMTS et Wi-Fi (délais des handover) ainsi qu'au taux des paquets perdus lors du handover. Les impacts de la vitesse et des indicateurs MIH sur les délais des handovers ont été aussi soulevés. La présence du module MIH a permis de réduire considérablement ces délais. La décision et l'exécution des handovers sont largement optimisées.

Enfin, nous avons aussi mis l'accent sur le concept de gestion de contexte via la proposition d'une plateforme générique. Cette plateforme met en avance la nécessité de gérer les informations de contexte. Ces informations sont récupérées auprès des différents composants du réseau et elles sont traitées au niveau du gestionnaire de contexte. Le but de cette plateforme est de modéliser les informations de contexte pour les rendre exploitables par toutes les applications et par le module de décision. Raison pour laquelle, nous avons opté à utiliser une ontologie pour la modélisation de contexte, elle intègre toutes les entités intervenantes dans un réseau.

Les travaux de recherche futurs comprennent essentiellement l'implémentation de cette plateforme dans l'architecture globale du projet SEAMLESS. L'ontologie développée doit être aussi étendue pour inclure toute entité ou relation censée améliorer les performances du système. L'inférence de cette ontologie doit être aussi prise en compte afin de pouvoir répondre aux requêtes reçues.

Références

[1] Muhammad Tanvir Alam : "Design and analysis for the 3G IP multimedia subsystem", PhD, ePublications@bond, Faculty of Business, Technology and Sustainable Development, 2007.

[2] Natalya Kohvakko : "contexte modeling and utilization in heterogeneous netwoks", PhD, the faculty of information Technology of the university of Jyväskylän, 2006.

[3] Osvaldo Gonsa, Tiziana Toniatti, Ville Typpo, Francesco Meago : "Triggering and Handover Management Concepts for Mobility Management in B3G Networks", 4th B3G-SA Cluster meeting at 3rd Concertation meeting, 2004.

[4] Korpipaa, P. Mantyjarvi, J. Kela, J. Keranen, H. Malm, E.J. : "Managing context information in mobile devices", Pervasive Computing, IEEE, 2003.

[5] Deng Feng : "Seamless Handover between CDMA2000 and 802.11 WLAN using mSCTP", Telecommunication Networks and Applications Conference, 2007.

[6] Tobias Küfner, Dirk Hofmann (Alcatel SEL), Christian Vogt : "Mobility Management Approaches for 4G Networks", Conference on Computer Science, Sofia, Bulgaria, 2004.

[7] G. Montenegro : "Reverse Tunneling for Mobile IP", RFC2344, 1998.

[8] D.Johnson : "Mobility support in IPv6", RFC3775, 2004.

[9] H.Soliman : "Mobile IPv6 : Mobility in a Wireless Internet", Communications Magazine, IEEE, 2005.

[10] Nokia : "Introducing Mobile IPv6 in 2G and 3G mobile networks", Nokia, 2001.

[11] C.Perkins, David B. Johnson : "Route Optimization in Mobile IP", Cluster Computing, 2001.

[12] R. Stewart, Q. Xie, K. Morneault, C. Sharp, H. Schwarzbauer, T. Taylor, I. Rytina, M. Kalla, L. Zhang, and V. Paxson : "Stream control transmission protocol", IETF RFC 2960, 2000.

[13] R., et M.Chris : "SCTP : New Transport Protocol for TCP/IP", IEEE Internet Computing, Nov, 2001.

[14] Randall. R. Stewart et Qiaobing Xie. : "Stream control transmission protocol (sctp) : A reference guide", Addison Wesley, 2002.

[15] Ong, L. et al. : "An Introduction to the Stream Control Transmission Protocol (SCTP)", RFC 3286, 2002.

[16] Shaojian Fu et Mohammed Atiquzzaman : "Sctp : State of the art in research, products, and technical challenges", IEEE Communications Magazine, 2004.

[17] Rosenberg : "SIP :Session Initiation Protocol", RFC 3261, 2002.

[18] H.Schulzrinne, E.Wedlund : "Mobility Support using SIP", ACM/IEEE International Conference on Wireless and Mobile Multimedia, 1999.

[19] H. Schulzrinne, et E.Wedlund : "Application-Layer Mobility Using Service Portability and Virtual Customer Environment", Computer Standards & Interfaces, 2001.

[20] F. Euzenat, J. et Broens, T.H.F. et Bottaro, A. et Poortinga, R. : "Contexte mamagement and semantic modeling for ambient intelligence", Centre for Telematics and Information Technology, 2006.

[21] Matthias Baldauf, Schahram Dustdar, Florian Rosenberg : "A survey on context-aware systems", International Journal of Ad Hoc and Ubiquitous Computing, 2007.

[22] A. Devaraju, S. Hoh&M. Hartley : "A context gathering framework for context-aware mobile solutions", the 4th international Conference on Mobile Technology, Applications, and Systems, 2007.

[23] Chen, H., Finin, T. and Joshi, A. : "An ontology forcontext-aware pervasive computing environments", SpecialIssue on Ontologies for Distributed Systems, KnowledgeEngineering Review, 2004.

[24] Winograd, T. : "Architectures for context", Human-ComputerInteraction (HCI) Journal, 2001.

[25] Ricardo Couto A. da Rocha : "Evolutionary and efficient context management in heterogenous environments", the 3rd international workshop on Middleware for pervasive and ad-hoc computing, 2005.

[26] Anelli, P. & Horlait, E. : "NS-2 : Principes de conception et d'utilisation", UPMC, 2001.

[27] Piamrat and al.: "Ressource management in mobile heterogeneous networks: State of the art and challenges", IRISA, 2008.

[28] J.F. Baldwin : "Fuzzy logic and fuzzy reasoning," dans Fuzzy Reasoning and Its Applications, 1981.

[29] Nishith D. Tripathi : "Generic Adaptive Hando_ Algorithms Using Fuzzy Logic and Neural Networks", PhD in Virginia Polytechnic Institute, 1997.

[30]http://wapiti.enic.fr/commun/ens/peda/options/ST/RIO/pub/exposes/exposesrio2008-ttnfa2009/durocher-jean/index.htm

[31] http://wapiti.telecomlille1.eu/

[32] Antonio DE LA OLIVA, Albert BANCHS, Ignacio SOTO : "An overview of IEEE 802.21: Media Independent Handover Services", 2008.

[33] http://www.ist-spice.org

www.ingramcontent.com/pod-product-compliance
Lightning Source LLC
LaVergne TN
LVHW042345060326

832902LV00006B/407